夫が寝たあとに読む本

「怒り」をおさめるコツ

夫婦円満コンシェルジュ
篠原尉子
Yasuko Shinohara

思ったことを表現しない妻

気持ちを察知できない夫

コスモ21

夫が寝たあとに読む本　「怒り」をおさめるコツ

カバーデザイン◆平本祐子

はじめに

私、篠原尉子（皆さんからは「やっちゃん」と呼ばれています）は夫婦円満コンシェルジュという活動をしています。それにもかかわらず、じつは5年ほど前、私は2度目の離婚の危機に陥りました。

このときはすでに夫婦円満コンシェルジュとして活動していたのですが、悩みに悩んだうえで夫に離婚を切り出しました。

いちばんの理由は「夫と二人きりの生活が息苦しくなっていた」からです。日々の小さな喜びを見つけ、幸せを感じながら笑って楽しく生きたい私と、見るもの聞くものすべてを否定的に捉える夫。もちろん、ときどき二人で外出したいこと、楽しい話がしたいこと、否定的な話は聞きたくないことなどを、あの手この手で伝えました。軽いタッチで話したり、真剣にお願いしたり、けんかしたり、あえて夫の言葉に返事をしなかったりと、思いつくかぎりの方法を試しましたが、夫が真剣に向き合ってくれることはありませんでした。

ある日、夫が寝たあとで、一人で考えていると、わが家は夫から放たれているネガティブな暗くて重い空気に飲み込まれていることに気づきました。私の中には「怒り」が溢れています。このままでは私も夫もダメになると思った瞬間、「外の世界は陽の光に溢れ、キラキラと輝き、空気は軽く暖かい。世界は明るく幸せに溢れている！」とひらめき、私にまとわりついていた重くて暗いものを消し去る決心をしました。

「私が私自身を守ってあげなければ！」

じつは、私が主催する「幸せな男女つながり学講座全9回」の中でいつも「自分を大切にすることが男女の違いを知ることと同じくらい大切です」とお伝えしていたのに、その私がなんと自分をないがしろにしていたのです。

結婚生活で大切なことを伝えている私が自分でそのように生きているのか、もう一度問い返し、確かめることを求められたのです。まさしく、必然の出来事だったと今では思っています。

心の中で離婚を考えたことのある女性はきっと多いと思います。そのとき夫婦として幸せに過ごす「愛の法則」があります。詳しくは3章で書かせていただきますね。

先に出版になった『甘え下手な妻　不器用な夫　夫婦円満魔法の呪文「男６歳女９歳」』では「男女の違いを知る」ことにフォーカスしましたが、本書では、それこそ毎日のように沸き起こる夫への怒りの正体を明らかにします。それは結局、女性自身が自分を大切にすることができないことへの怒りなのですが、それをおさめるコツをお伝えします。それこそ夫婦が円満に過ごすいちばんの近道だからです。

２０２０年の厚生労働省の人口動態統計によりますと、結婚５年未満の離婚が全体の３割を占めるそうです。そのなかでもっとも離婚率が高いのが結婚２年目です。また、２０２０年の離婚件数は19万３２５３組となっていますが、なんと約２分に１組が離婚している計算になります。今この本を読んでいただいている間にも、どこかで離婚届が受理されているのです。

あなたが最後に結婚式に出席されたのはいつのことでしょうか。その結婚式を思い浮かべてみてください。ドレスや着物で着飾った花嫁さんの輝くほどの美しさ。そして寄り添う花婿の誇らしげな顔。幸せそうな二人の姿が浮かぶことでしょう。

私は幸せの象徴である結婚式が大好きです。結婚式のお二人の頭には「離婚」なんてかけらもないはずです。ああ、毎日が結婚式ならいいのにと思ってしまいますが、皆さんはいかがですか。

それなのにどうして離婚に至ってしまうのでしょうか。じつは、私の両親も私自身も離婚歴がありますし、冒頭に書いたように最近の私にも危機がありました。愛し愛される夫婦を増やしたい、子どもたちのためにもいちばん近くにいる赤の他人である夫婦のコミュニケーションが円滑にいく術を広めたいという思いで、夫婦円満コンシェルジュとして活動しているのに、その私に再び離婚を選びたくなる日が来るなんて……。

その体験を通して、それでも夫婦円満になる「愛の法則」をお伝えするのが本書です。心の栄養素として読んでいただけたら嬉しいです。

夫が寝たあとに読む本　「怒り」をおさめるコツ…もくじ

愛と離婚の分かれ道は結婚初期にある

2章

超簡単実践編　こんなとき怒りをおさめるにはどうする？

それでも離婚しないという選択

1章

愛と離婚の分かれ道は結婚初期にある

女性と男性のギャップが最初に顕在化する妊娠・出産期

結婚する夫婦の３組に１組が離婚という統計がもう何年も続いています。主な理由は、「性格が合わない」「精神的な虐待」「異性関係」「家族親族と折り合いが悪い」などですが、そのことを現実のこととして最初に気づくのが妊娠と出産体験です。

私が夫婦円満コンシェルジュとしてたくさんのご夫婦に出会うなかでも、結婚初期に体験する妊娠と出産が、夫婦関係に深く影響していることを教えられました。

妊娠と出産の時期に離婚する夫婦が多いのですが、その時期を事無く過ごしたとしても、女性が夫から受けた心の傷がある場合、自然に消えてなくなることはありません。それでも、すぐに離婚に至らないのは夫を許したわけでも、傷が癒えたわけでもなく、あまりに忙しい子育て期を乗り切ることに精一杯なだけです。

考えないようにしているだけなのです。

女性にとっては子どもを産むタイミングにはリミットがあります。私ごとですが、娘は夫が50歳のときに授かりました。男性はさらに歳を重ね60歳、70歳を超えても父親になれますが、女性にはまず不可能です。

子どもを数人欲しい、できれば歳の差もそんなに開かずに一気に子育てをしたいという人生設計を考えている女性も少なくありません。男性からしますと、一人目を授かり、二人目を妊娠したから夫婦の関係はうまくいっていると思うかもしれませんが、だからといって妻が夫を愛し続けている証にはならないということです。

夫のことはさておき、とにかく子どもが欲しいと考える女性も増えてきています。つまり、一人目の妊娠と出産で夫への不満があっても、それを心に留めたまま目をつぶって、二人目、三人目を人生設計どおりに出産することにフォーカスしているかもしれないのです。

一方、男性は、女性に比べて子どもを持つことにタイムリミットがほとんどないので、その分、妊娠と出産に対して意識が低くなり、こんなふうに考えてしまいがちです。

「妊娠は女性の仕事だ」

「避妊せずにSEXしていれば普通に妊娠くらいする」

「つわりは病気じゃない」

「子育てなんて誰だってできるし、みんなやっている。大したことじゃない」

とは言っても、最近は徐々に状況が変わってきています。一般論ですが、健康な男性の正常な精子の数はどんどん減少し、不妊の原因になっていることがわかってきています。WHOによりますと不妊原因の割合は、女性側に原因がある場合が41%、男女共に原因がある場合が24%、男性側に原因がある場合が24%、原因不明が11%となっています。つまり、男性側にもかなりの原因があるのです。それにもかかわらず、妊娠は女性だけの仕事だと思い込んでいる男性の存在がまだまだ多いのが実情のようです。

妊娠・出産で生じる最初のズレ

核家族化が進み、大家族が少なくなり、一家に女性は母親だけという家庭も増えています。夫が理解していないことが多いと述べましたが、同じ女性からの理解も少ない環境になっているのです。

そんななかで、人生で初めて妊娠と出産を体験することになります。

昔に比べて出産時の母親の死亡率はかなり減少していますが、それでも0％ではありません。女性は命懸けで妊娠し、出産するわけですから、その不安や覚悟は、男性の想像を遥かに上回ると思います。

さらに言えば、結婚前から妊娠や出産の恐怖に怯える女性も少なくないでしょう。たとえば、親や世間から婚前交渉はいけないとか、できちゃった婚は恥ずかしいから避けてくれなどと言われます。

今は、できちゃった婚が以前ほど気にならない時代になってきましたが、それでも結婚する気のない男性との性交渉は妊娠の不安がつきまといます。もし妊娠すると、産むにしても産まないにしても、精神的、肉体的にかかる負担は女性のほうが遥かに大きいのです。

先ほど、女性のほうが妊娠と出産のタイムリミットを意識すると述べましたが、不妊治療についても男女で違ってきます。

男性は自然な流れの中で妊娠できればいいと望む傾向がありますが、女性は子作りをはじめて一年くらいになると、もしかしたら自分は不妊なのかと不安になってきます。実際、不妊治療に熱心なのは、やはりタイムリミットがある女性のようです。

もちろん、子どもを育てるだけが結婚ではありません。二人で幸せな夫婦生活を過ごしていらっしゃる方も大勢いらっしゃいますし、それも素敵な人生の選択だと思います。

一方、わが子を抱きたいと願う選択も素敵なことです。

昔から妊娠や出産は自然な営みであって病気ではない、といわれてきましたが、母子共に命に関わることでもあります。流産の危険、早産のリスクなど妊娠中の妊婦はさまざまな不安にさらされます。

とくに初めての妊娠の場合、片っ端から情報を収集して学びたくなります。その一方、現代はさまざまな情報を簡単に入手できてしまうので不安になる情報も多く、とてもやっかいです。

こうした女性の姿と比べると、男性のほうは、直接自分の体に起こることではないので、女性ほど妊娠や出産について学ぼうとはしません。ここで、すでに男女のズレが生まれているのです。

男性も察知力と共感力を持っていると勘違い

察知力と共感力が高い女性は男性にもそれらを求めます。ですが女性の感覚からすると、男性の察知力と共感力は壊滅的です。しかも、女性の側が「この人はわかってくれている」と思い込んでいるほど、そうではない現実に直面すると、無駄に怒りが増してしまいます。

基本的にこの違いは、男女の役割が違うところから来ています。それは今の時代にはじまったことではありません。時代を遥か遡った大昔からそうなのです。女性は、もの言えぬ赤子の命を守るために、ほんの些細な変化でも読み取る「察知力」を発達させました。また、昔の子育て環境は今と比べても自分一人で到底こなせるものではなかったため、女性たちは自然に協力し合うようになりました。そのために欠かせない「共感力」が発達しました。

井戸端会議は、かつて近所の女性たちが井戸端に集まり、水くみや洗濯をしながら情報交換をした様子を表す言葉ですが、女性たちが共感力を発揮する場にもなっていたのです。そうしてお互いに「共感」し合うことで子どもの命を守り育ててきたともいえるのです。

一方、男性のほうは、子どもを生み育ててくれる女性とその子どもを守るために、周囲を観察して安全な環境を維持し、外敵を除去することが主な役割でした。そのなかで広い視野で状況を把握する「俯瞰力」も発達させました。

また、ときには仲間と協力して遠くまで出かけて獲物を仕留めたり、戦ったりすることもあったでしょう。そのために「身体能力」も発達したのです。

女性と男性はこのような役割の違いから、それぞれ異なる能力を発達させてきたのだと思いますが、残念なことに、今の時代はそのことが見えにくくなっています。

女性に関して言えば、男性も同じように察知力と共感力を生まれながらに持っているのは当然だと思い込んでいる傾向があります。昔の私もそうでしたが、男性も同じ人間なのだから「当然でしょ」と期待します。

勘違いを思い知らされる最初の出来事

でも、一緒に暮らしてみて、そうでないことにはっきりと直面するのが妊娠と出産の時期です。私は夫婦円満コンシェルジュとしてたくさんの悩みに接してきました。ご主人に対する怒り、やるせなさ、絶望がどこから来ているのかを一緒に探ります。そのとき、いちばんヒントを得られるのが妊娠・出産時のことです。

女性にとって人生で初めての一大事業が、男性にとっても自分と同じように人生最大のビッグイベントだと思ってしまいます。ですから、相手の男性も100%共感してくれていると思い込んでしまうのです。

ドキドキしながら購入した妊娠検査キットにトイレでこっそり尿をかけたとき、くっきりと赤く線が現れたとき、本当にこれが妊娠の証なの？　この色でいいの？と思わずそばにいる人に尿がかかった妊娠検査キットを見せたのは私だけではないはずです（笑）。

妊娠の反応が出ても、生理がこないこと以外、体には全く何の変化も現れないのでしばらく悶々とした日々を送ります。もちろん夫には伝えますが、5カ月目くらいまでは流産の可能性も高いので両親や友人などにどこまで口外していいのかも悩みます。

それでも、母子手帳をもらい、体の変化が徐々に現れはじめ、ゆっくりゆっくり、ほんの少しずつ、母になる準備がはじまります。赤ちゃんがお腹を蹴ったり、ぐるんとお腹の中で一回転したり、これまで感じたことのない不思議な感覚が日々やってきます。

うつ伏せで眠れなくなり、信じられないほど大きく突き出たお腹。相撲取りのようにそっくりかえりながらガニ股で歩く自分の姿に気づいて、まるで自分とは別人のよう。お腹の中にエイリアンがいるみたいと思ったものです。

ここで、お恥ずかしいですが、私の体験をお話しします。私の妊娠中にちょうど夫の経営する会社が倒産してしまい、次に住む家が決まらない状態になるなど、何とも不安定な生活を送ることになりました。

夫の体は毎日私と一緒にいましたが、3代続いた会社をたたむことになり、義理母や従業員の方々への対応などで心ここに在らずだったと思います。それでも、夫は父親になる準備はしてくれていると思っていました。

そろそろ予定日が近づいたころ破水したので、私は慌てて病院へ行き、そのまま入院となりました。そのとき初めて未熟児であることも判明し、のんびりしていた妊娠中とは状況が一転です。

出産した病院は、個室で陣痛も分娩も同じ部屋でできるため、私は夫の立ち会い出産を希望していました。ところが予定日当日に現われたときは二日酔い状態でした。夫の言葉では「明日、父親になる！　最後の夜だ！」と、友人と深酒をしたと言うのです。

その気持ち、わからないでもないですが、女性からすると、なんともはやです。似たようなことを体験している女性は意外と多いのではないでしょうか。

その後は微弱陣痛が続き、促進剤を入れましたが、子宮口がほとんど開かないままです。破水したあとの経過次第では帝王切開になると言われていたので、私は内心ドキドキで、出産当日まで不安な時を過ごしていました。

夫のほうは、何とも言えないどん痛が一日中続き苦しんでいる私の横のソファーで、二日酔いのためうたた寝をしています。そんな夫にムカつかないわけがありません。

まったりとした痛みに耐えかねて、気分を変えようと部屋の中のトイレに行き小便をしたら、何かが下がってきたのを感じました。夫に「大きいほう、してもいいか看護婦さんに聞いてきて」と言うと、「一応、先生に診てもらってからにしましょう」と言われたとのこと、私は一度ベッドに戻りました。ところがその直後に、またグンっと何かが下がってきたので慌てて再度看護師さんを呼んでもらいました。

内診するので夫は外に出されました。「子宮口が全く開いていなかったのに、初産はそんなに簡単に生まれないわよ」とあきれている感じの看護師さんが、子宮口を見た瞬間に叫びました。「あらあら赤ちゃん出てきちゃってる！　先生を呼んで！」

それから2回の力みで赤ちゃんが生まれたのですが、夫は外に出されたまま戻ってきませんでした。あとから聞いた話では、どうやら隣の部屋は難産だったようで、看護師さんが何人も出入りしていて、長いこと断続的に苦しげな叫び声が夫のいる廊下まで聞こえていたというのです。夫は驚き、出産って大変なんだな、と二日酔いから覚めて我に返ったそうです。ですから、何の叫び声も聞こえない私があっという間に出産していたとは夢にも思わなかったようです。

私の出産に対する夫の思い出は「二日酔いで娘の出産に立ち会わなかった」です。これは間違いなく一生言い続けます（笑）が、何より、男性である夫は、女性である妻と同じように感じたり、共感したりできないことを思い知らされました。程度の差はあっても、おそらく多くの女性が同じような体験をしているのだと思います。

とにかく妊娠・出産は女性にとって不安なもの

人を一人この世に生み出すことは、どんな女性にとっても大仕事です。私の娘が未熟児だった理由はよくわからないのですが、出産した夜、保育器の中で管だらけの小さな小さな、まるで雛鳥のような娘を見ながら「小さく産んじゃってごめんね」という気持ちが溢れて涙が止まりませんでした。不安でいっぱいだったのだと思います。

昔のように長屋暮らしや大家族のときとは違い、今は周りに相談できたり助けてくれる人がいないからなのか、とにかく母親が一人で不安を抱えたまま頑張るしかないのです。

出産するまでは「五体満足で生まれてきてくれるだけでいい」と思っていたのに、生まれてみると新しい現実が目の前で起こりはじめます。その一つが成長曲線です。身長、体重、ミルクの量、言葉の数などが平均に入っているかどうか逐一チェックされます。そのとき少しでも平均値より低いと心配になります。

わが家は未熟児でしたので、いつも平均の枠に入らないことはわかっていましたから、前回よりも数値が増えていればよしと開き直ることができましたが、そうでもないかぎり不安になるのは当然ですよね。

もちろんお役所としては、成長に問題があれば早めに発見して対処するほうがいいと考えているのでしょう。しかし、そのことが初めて子育てをするママたちの悩みの種を増やすことになっているかもしれません。

とにかく、妊娠・出産を体験することは、女性にとってどうしようもなく不安の多いことなのです。夫にはそのことを察知し、共感してほしいと期待するのは自然なことなのですが、悲しいことにそうではない現実が待っています。

妻を苦しめる夫の何気ない言葉

男性が「女性なら子どもの面倒くらい見れて当然」と思い込んでいることもママを苦しめる原因の一つです。

たとえば、子どもが熱を出して一日中、看病に追われ、ちょっと疲れ気味なところに夫が帰ってきたとします。ママとしては夫から、「子どもが熱出して大変だったたね、大丈夫だった？　一人で不安だったね」と共感してもらいたいし、「頑張りすぎて疲れてるよね？　子どもは俺が見ているから一人でカフェでも行っておいで」と察知してもらいたいと思いますか。

いえいえ、ほとんどのママはそこまでも思っていないかもしれません。「お願いだから、腹立つことだけは言わないで」が、夫への小さな、でも切なる願いだと思います。ところが、妊娠・出産で不安の多い妻の事情や気持ちを察知し共感するアンテナが低い夫ほど、こんな言葉を何気なく発してしまいます。

・つわりって病気じゃないんでしょ？
・子どもなんて誰でも産んでるよね
・いいなあ、ずっと家でゴロゴロと子どもといられて
・〇〇さんは３人も子どもを育てて仕事もして、すごいよな
・俺っておむつも替えているしイクメンだよな、ありがたく思えよ
・俺も家事〝手伝う〟よ
・ご飯簡単なものでいいよ
・これしかないの？
・いつも家の中ぐちゃぐちゃだよね、昼間って何してるの？
・俺は会社で疲れてるんだよ、家でゲームくらい好きにさせてくれよ

どの言葉が刺さるのかは人によってさまざまですし、ここに挙げた言葉ではないかもしれません。いずれにしても、男性から見れば何気なく発した一言でしょうが、察知力や共感力が高い女性からすると、一生忘れられない言葉のナイフになって突き刺さっているかもしれないのです。

小さな心の傷が亀裂の元になっていく

男性は悪気があっての言葉ではないので、言ったことさえ覚えていないかもしれません。そんなに傷つけたり、怒らせたりしていると思っていないことばかりだと思います。

女性のほうも、日々の忙しさに紛れてそんなに重要視していないのかもしれません。ですが、2度、3度と重なるうちに（全く違う言葉であったとしても）、夫の言葉や態度に違和感が湧いてきて、夫への不信感が、どんどん深く大きくなっていきます。

ボクシングのジャブのように、一発一発は決定的一打ではないけれど、少しずつほんの少しずつ女性の心に怒りやあきらめを募らせていくのです。

タレントの藤本美貴さんと横澤夏子さんがMCを務めるテレビ朝日系バラエティ『夫が寝たあとに』の中で出てきたお話です。切り抜き動画ランキングで1位を獲得した、金ちゃん（鬼越トマホーク）の「シャインマスカット事件」です。

これは金ちゃんの妻が一人目を妊娠中、つわりがひどく何も食べられなかったときに「シャインマスカットなら食べられるかも」とお願いしたそうです。ところが、帰宅した金ちゃんは「シャインマスカットは特別なときに食べるものだよ」と言って買ってきてくれなかったと言います。

それを聞いたミキティが「それはひどい！　つわりは特別なときでしょう！」と反応したことに世間のママたちも共感したため、金ちゃんが平謝りに謝ったというものです。

じつは、金ちゃんの奥さんは金ちゃんにとても腹を立てていたわけでもなく、番組に出演中「そういえば、こんなことがあって」と思い出したということだったように記憶しています。

金ちゃんの奥様の場合、公になったことで夫から謝罪されたため傷は癒えたと思います。本人も忘れているようなことでも、心の傷として積み重なっていくと、どこかで亀裂を生むことになりやすいのです。

男性にとって女性のロールモデルは母親

今度は男性であるご主人の視点になって考えてみます。

大昔の男性は狩りに出て獲物をしとめ、女性や子どもを守ることが役割でした。そこで獲得した能力が男性の心身を特徴づけていると述べましたが、残念ながら今はその能力の出番がかなり少なくなっているようです。

たとえば、運動が得意な男の子は学生時代花形で、モテまくりますが、狭き門であるプロの選手にでもならないかぎり、卒業後の仕事はデスクワークが主流になり、残念ながら花形ではなくなります。

それでもなぜか、男の子は強く逞しくと育てられ、女の子は優しく、かわいらしくと育てられます。近ごろでは女の子も強く逞しくを求められることもありますが、男の子に優しくかわいらしくを求めることは少ないでしょう。

そうして大人になった男性にとって、初めての女性のロールモデル、お手本は間違いなく母親です。その母親の生き方、考え方が男性として女性を見る基本になるのは当然なことです。

ですから、男性がマザコンなのは当然です。いちばん近くで自分を大切に愛してくれる母親の生き方が、世間一般の女性の標準だと思ってしまうのも仕方のないことでしょう。逆に、そんな母親を愛せず、冷たくあしらうような男性だとしたら、さっさと別れることをおすすめします。

もし目の前の男性が「つわりは、病気ではない」「家事育児は女性の仕事」と思っているとしたら、ほぼ間違いなく母親の考え方を採用しているだけです。

だからといって男性を責めているわけではありません。男性はいちばん近くの母親から教わったことをそのまま信じているだけです。あるいは、そんな男性の母親を非難しているわけでもありません。母親自身も、そう思っていたことを話しただけでしょう。

人は誰でも自分の経験したことを基準に生きています。ご主人の心無い一言に傷ついたのなら、その基準を書き換えてもらう必要があるだけです。

不仲の原因は〝勘違い〟と〝思い込み〟

ご主人の女性像はそれまでの何十年という人生の中で信じ続けたものなので、そう容易には変わらないかもしれません。ですが、二人のためには知ってもらわなくてはなりません。

決して「うちの夫はこんな人だからしょうがない」とあきらめないでください。

ご主人はただ知らないだけ、勘違いし思い込んでいるだけなのですから。

女性はご主人からの心無い一言がきっかけで

「私の気持ちを察してくれない」

⬅

「私のことを理解していない」

⬅

「理解しようともしない」

⬅
「私を大切に思っていない」
⬅
「その程度にしか愛されていない」
⬅
「愛されていない」

と、ネガティブな方向へ考えが進んでしまいがちです。でも、ほとんどの場合、〝勘違い〟であり、〝思い込み〟から来ています。

ご主人はただ単に母親からもらった情報に頼って、知っている範囲で受け答えしただけです。大した意味はないのです。

ましてや、幸せにしたいと心から思い、やっと結婚して子どもも授かった、愛する妻を傷つけたいはずがありません。

男性、女性にかぎらず、勘違い、思い違いをするものです。ここで私の恥ずかしい昔話をもうひとつお話しします。

私は30歳を過ぎてからフラメンコを学ぶためにスペインで3カ月暮らしました。そのときは、今でいうシェアハウスに住んでいました。ハウスメイトはスペイン人女性のオーナーと私を含む三人の日本人女性でした。

ある日、日本人Aさんがあきれたように私に言いました。「Bさん（日本人）がシャワーのあと、排水口の髪の毛をそのままにしているのよ。信じられない。つまんで捨てるだけなのに、そんなこともしないのよ」

ぬぬぬ？　ひゃあ、それは私でした。

本当に恥ずかしい話ですが、いつも自宅は湯船のお風呂ばかりでしたので、シャワーのあとの髪の毛はすべて排水溝に流れると思い込んでいたので気にもとめていなかったのです。

さらに恥ずかしいことに「それは私です」と言えませんでした。はい、そのままBさんのせいにしてしまいました。

もちろん、それからは毎回気をつけましたが、お恥ずかしいかぎりです。

私だけでなく、悪気はなくても人に不快感を与えてしまうことは、おそらく誰にでも起こることだと思います。そして、あやまちに気づいても、ごめんなさいと素直に言えないときもあります。

男性も女性もお互いに勘違いし、間違った思い込みをしていることに気づいていないことが多いのです。それでも頭にくるかもしれませんが、そのことを知っておくだけでも、イラッとしたり、怒りが湧いたりしたとき気持ちを切り替えやすくなります。

あなたの怒りをおさめ、落ち着いてご主人と向き合っていると、お互いに勘違いに気づける可能性が高まります。

男性の中に6歳の少年のような純粋な心を探してみる

くり返しますが、夫婦関係がおかしくなっていくほとんどの原因は〝勘違い〟と〝思い込み〟です。

夫婦円満コンシェルジュをしていますと、そのことに気づかないまま「夫はこういう人だから仕方がない」とあきらめてしまう方があまりに多いことが残念でなりません。とてももったいないと思います。

ご主人の不用意な一言、いえ不用意な言葉の数々は、そのほとんどが女性に対する勘違いと思い込みから来ているのです。

そこで私からの提案です。

「男性は6歳の少年のような純粋な心を持ち続けたまま体だけ大人になっている」と考えてみてください。

結婚して一緒に暮らしはじめると、「あれ？　こんな人だったかしら？」と思ったことはありませんか。私はあります。一度目の結婚のときも、再婚してからも、「あれっ?」と思うことが結構ありました。

再婚したとき、夫は50歳だったとお話ししましたが、その夫が6歳に見えるようになった経緯は私の著書『甘え下手な妻　不器用な夫　夫婦円満魔法の呪文「男6歳　女9歳」』に詳しく書いてあります。興味のある方はぜひ読んでみてください。

子どもっぽい男性は、自己中心的でわがままなところがある、無邪気で好奇心が旺盛だが、気に入らないとすぐに拗ねるなどといわれます。たしかに女性の目から見ると、そのように見える男性もいるでしょう。

でも、一人の男性がある女性を生涯のパートナーとして共に生きようと決めることができたのは、6歳の少年のような純粋な心があるからだと思います。本当かなと思うなら、こんな実験をしてみてください。やり方は簡単です。

怒っているとき、ドヤ顔しているとき、イライラしているとき、子どものような下ネタを楽しんでいるとき、ゲームをしているとき、むきになっているとき……、普段ならカチンとくるかもしれませんが、そんなときこそ6歳のころのご主人の様子をイメージしてみてください。

　もちろん、目の前にいるご主人は、体格は女性よりもがっちりしているし、社会で働く能力も備えた一人前の大人なので、最初はピンとこないかもしれません。あるいは、大人のくせに、女性の気持ちを察知したり共感したりできない夫は無神経で子どもっぽいと思ってきたかもしれません。

　でも、6歳のころのご主人をイメージしてみると、少年のような純粋な心で妻や家族を守り、共に生きようとする気持ちを秘めていることが見えてくると思います。その反面、察知力と共感力が低く、妻は傷つけられたり怒りを感じたりすることもたびたびですが、その純粋な心に目を向けることができると、見える景色が変わってきて気持ちに余裕が生まれてくるでしょう。

　それはわかる気もするけれど、はじめから自分一人で見方を変えようとしてもハードルが高そう、と思ったら、本書の140頁にある「本当の自分に会いにいく」という音源の二次元コードを聴いてみてください。

いつも〝THE　大人の男性〟に守られたいは女性の幻想

「大人の男性に守られたい」女性の大半はこう思っているのではないでしょうか。

私は、父親が大好きなファザーコンプレックスタイプです。13歳のときに父の経営する会社が倒産し、両親が離婚することになってから一緒に住んだことはありませんし、すでに他界して二十数年経っています。

離婚してからは年に一度だけ父と会える日がありましたが、口うるさい父のパートナーをいつも同席させ、二人の時間を取ってくれませんでしたので、そんな父への怒りとあきらめしかありませんでした。

そんな状態ですので、夫には素敵な父親のように大きな無償の愛で包んでくれることを求めていました。実際、再婚相手は18歳年上ですので、年齢的にぴったりです。

18歳年上の夫は当時50歳で会社の社長さん、社会的地位も名誉もある、どこからどう見ても頼り甲斐のある「ＴＨＥ　大人」でした。私はもうすべてお任せすればいいと思っていました。

ところが結婚してすぐ会社が倒産することになったのです。当時を思い出してみると、夫は直前まで何も言いませんし、機嫌が悪くても「ＴＨＥ　大人」ですから、私は気づかずに任せておけば大丈夫と思っていました。

そんなある日のこと、会社が倒産すると告げる前に「別れてくれ」と言ってきたのです。それって大人のセリフじゃないですよね。

どうやら倒産してお金がなくなったら女性は去っていくものだと思い込んでいたようです。

会社が倒産して別れられる前に、自分から「別れよう」と言ったほうが捨てられて傷つくよりプライドを守れると思ったのではないでしょうか。

そのとき、私の中の「ＴＨＥ　大人」に守られたいという幻想はもろくも崩れ去りました。

そこから私の男性像が大転換をしていきました。

６歳の少年のような純粋な心で私と生涯を共にしようと思ってくれているけれ

ど、女性の気持ちを察知し、共感することができず戸惑っている。

そう思うと、50歳の夫がかわいく見えるようになりました。いろんな夫の所作もクスッと笑えるくらい私の気持ちにゆとりが生まれたのです。

父親の中にも6歳の少年がいた！

夫の中に息づいている6歳の少年のような純粋性に目を向ける。この〝大発見〟をした私は、自分の父親も同じように見てみました。すると、私の中から父親に対する怒りが消えていったのです。

私は、音信不通になっていた父に「なぜお父さんは私に会いたいと思ってくれないの？　会いに来てくれないの？　心配じゃないの？」と心の中で叫んでいました。

再会できてからも、「なぜ新しいパートナーの子どもたちに優しくするの？　一年に一度しか会えない私の目の前で私のお父さんに甘えるの、やめてよ！」と心の中で叫んでいました。「もう、私のお父さんはいない。もう何も期待しない」と、父に会った帰り道、泣きながら帰ったこともあります。

今でも、娘を思う父親のコメディ映画は羨ましすぎて、ちょっとだけ苦手ですが、そんな私が父親への思いを整理できたのも、父親の中に6歳の少年を見つけてからです。

「私たちを幸せにしようと頑張って仕事していたのに、うまくいかない。なぜうまくいかないのかもわからない。自分の両親とは関係が悪化していて助けを求めるわけにもいかない。友人だと思っていた人たちは倒産しそうになると蜘蛛の子を散らすように一人もいなくなった。唯一の理解者、応援者であるはずの妻は、金の切れ目が縁の切れ目と出ていった」

結局、両親からは勘当され、6歳の少年のように純粋にみんなのためにと思っていた家族も去り、お金も仕事もない状況に陥っていたのだと思います。

そんなとき優しい女性が家に呼んでくれたのなら、誰だって転がり込むでしょう。その愛情のおかげで、立ち直り、仕事を見つけ働くようになったのだから、その女性とその子どもたちを大切にするのは当たり前だと、父親のことを受け止めることができました。

久しぶりに再会できたとき、わが娘（私）は自分よりしっかりとした夫、収入もある夫に守られて幸せに暮らしているように見えたことでしょう。こんなに長いこと離れて暮らしてしまって、今さら父親面なんてできるわけがないし、どう接すればいいのか全くわからない。二人で会うのは怖いので、パートナーが一緒に来てくれたほうが気持ち的に楽だと思ったのでしょう。

そんな6歳児のような純粋性が父親の中に見えるようになったことで、父親が私を見捨てたという、長年私の中に渦巻いていた怒りが消えていきました。

父親は私を愛していないわけではなく、共に暮らしていた12歳までの記憶しかないのに、大人になった私とどう接すればいいのかわからず、6歳の純粋な少年のようにずっと困っていたのかもしれないと思えるようになったのです。

私が長年抱き続けてきた「父親なのに！」「大人のくせに！」という思いは和らぎ、優しい愛の視点で見ることができるようになりました。父親は6歳の少年のように不器用なだけだったのです。

夫をバカにしても得はない

「わが家には大きな長男（夫のこと）がいて、その子がいちばん面倒です」なんて言いながら、ご主人を子どもだとバカにしてしまうのは、とても残念なことです。それでは、6歳児のような純粋な気持ちであなたを守るヒーローになりたいご主人の心はポキっと折れてしまいます。

あるいは、ご主人が子どもすぎると見下して、女性のあなたが夫の分も頑張り、家を取り仕切るなんてことになっているとしたら、ご主人はいよいよ行き場を失ってしまいます。

女性から見て、察知力や共感力の低い男性は子どもっぽく見えたとしても、ご主人は「少年のような純粋な心であなたの素敵なヒーローになりたい」と思い続けています。あなたのヒーローになりたくてたまらない素敵な人なのです。

私がこんな話をしますと、「無理です。とってもそんなふうに見られない」と言われることもありますが、結婚前のご主人は、女性に対しては母親の考えを鵜呑みにしている何も知らない〝ひよっこ〟だったのです。

結婚して共に暮らしはじめた女性は母親と同じ女性なので、とくに初めのうちは母親の影響が残っているのは当然です。その状態から、男性が自分好みのヒーローになってくれるかどうかは、女性の対応で全く違ってきます。

これから先の長い人生を夫婦喧嘩しながら生きていくのか、二人でニコニコ笑いながら生きていくのか「どちらがいいでしょう？」と聞かれたら、誰でも仲良し夫婦を願うでしょう。ところが、実際には、夫は何もわかってくれないし、理解することもできないと不満を持ち、夫をバカにしながら苦しい夫婦生活になってしまうことがとても多いのではないでしょうか。

くり返しますが、結婚前のご主人は、母親以外の女性のことをあまり知りません。ほとんど母親（姑）の考えをそのまま口に出しているだけで、そんなに深く考えてもいません。6歳の少年が、自分は女性のことがわかっている大人だと見せたくて、母親の言葉をそのまま口にしているというのが本当だと思います。

あなたが女神になる

男性の中に6歳の少年のような純粋性を見ることができるようになると、自分も変化していることに気づくことでしょう。

きっと、男性を包み込むような愛の視点を手に入れることができます。まさしく男性の「女神」のような存在になれるのです

「母なる大地」「母なる海」「聖母」などという言葉がありますが、これらに込められているのは大きな愛ですべてを包み込むということだと思います。

もっと具体的にお話ししてみます。次の女性たちは、どちらが女神だと思いますか。

Aいつもキリキリ眉間に皺を寄せて、イライラして怒ってばかりいる女性

B多少のことが起きても動じず、「大丈夫、大丈夫」と笑顔の女性

おそらく、誰でも「B」を選びますよね。でも実際には、ほとんどの女性がB

のように、いつも笑顔でゆったりしていたいと願いながら、Aのように怒ってしまっています。

まさに私も娘が幼かったころ、そのとおりでした。笑いが大切なことは頭でわかっているけれど、笑えない自分に嫌気がさして落ち込み、ますますイライラしていました。

どうやったら笑えるのか、図書館で調べても笑い方の本は見つからず、「笑いは大切です」という内容の本ばかりでした。ですから、本を読めば読むほどもっと怒りが込み上げてくるという悪循環でした（「笑いヨガ」がおすすめです）。

なにより、そのことを察知し、共感してくれない夫に対して、怒りが膨らむばかりで、私から笑顔は遠ざかっていきました。あのとき、「男性の中に6歳児を見つける」ことに気づいていたら、女神のように微笑んで過ごすことができていたのにと残念でなりません。

女性は、おませな9歳の女の子のように正しさばかり優先しやすい

たとえそうは見えなくても、男性は6歳の少年のような純粋な心で女性のヒーローになりたい予備軍であるとくり返しお話ししていますが、何歳になってもその純粋性が素敵なのです。

そのことに「うん、そうだね」と素直に頷けない女性は、自分の中にあるフィルターが関係しています。あとで詳しくお話ししますが、女の子はたいてい、9歳ころになると〝正しさ〟を優先する小さなお母さんになっていきます。

そして、大人の女性になり、男性に対してその正しさを振りかざしてしまいます。そのことが男性の純粋性を見えなくしているのです。

私も、妻を傷つけている自覚のない前の夫から、そして今の夫からの言葉で何度も傷ついてきました。

「君って何もできないよね」

「常識ないね」

「その体型ひどすぎない？」

「君にはなんの価値もない」

「結婚する気はなかった」

などなど、たくさんありますが、どれもそのときの私の正しさを踏みにじる言葉だったので、私は傷ついていたのです。

ところが、時が経って今の夫に確かめてみると、全く覚えていませんでした。元夫に聞いてもきっと「そんなひどいことを俺が言うはずがない」と言うと思います。

これは驚くべきことですが、私たち女性が考える正しさからすると、明らかに間違った言葉で自分の心を深く傷つけられたのにもかかわらず、そのことは夫たちの記憶にはないのです。

もしくは、覚えていたとしても、そんなに深く傷つけていたなんて、これっぽっちも思っていません。

女性からすると明らかに「おかしい」と思える言葉を無神経に発しておきなが

ら、男性には自覚がないなんて、まるで独り相撲をしているようです。

余談ですが、私が前著『甘え下手な妻　不器用な夫　夫婦円満魔法の呪文「男6歳　女9歳」』を執筆していたとき、再婚当初50歳のダンディで素敵な夫が6歳児に見えるようになっていったエピソードをたくさん書くことになりました。

ところが実際に書きはじめてみると、

「あれ？　これって夫にとってみたらかっこいい話ではなく、かっこ悪さの暴露本になってしまうかもしれない。だって、50歳から6歳に見えるようになるというのは、決して男性にとってかっこいい話ではないな」

と気づきました。

そのとき私は、手を止めて夫に聞いてみました。「あなたのこと本に書いてもいい？」夫からは「俺のことは書くな」というやり取りがあって、私も当然だなと思いましたが、それを書かなければ本になりません。

困った私は、書こうとしている内容を次から次へと夫に聞いてみました。「この話、覚えてる？」と確かめるたび、なんということでしょう、夫は何一つ覚えていませんでした。

しかも「君の想像力はすごいね」とすべてが私の創作話だと鼻で笑ったのです。驚愕です。

そこで私は言いました。

「それなら、私はこの本に私の妄想を書くね（もちろんはっきり覚えている事実ですが）。だから、あなたは誰かに言われても『やっちゃんが妄想を書いた』って言っていいよ。本になっても読まなくていいよ」

ですから、いまだに夫は私の記念すべき処女作を読んでいません。おまけにパパが大好きな娘も読んでいません。それでも二人とも私をとても応援してくれているのでなんの問題もありません。

男性の不快な言葉には深い意味がない

ここで言いたいことはただ一つです。「男性の不快な言葉には深い意味がない」ということ。「不快と深い」で韻を踏んでいるわけではありません（笑）。

それなのに私たち女性は、夫の記憶にもない、辛い一言を集めて何度も何度も思い返しては傷つき、怒りと悲しみを増幅しているのです。まるで自作自演の不幸劇のヒロインのようです。

これも私事ですが、まだ結婚前に夫とデートをしていたとき、将来私たちの結婚はあるのかと聞くと、夫はこう言いました。

「（18歳年上なので）俺が先に死んでしまうから、一緒に住むことはあっても結婚はない」

でも、そのあと飲みに行った3軒目では「俺は、やっちゃんと結婚するぞー！」と叫んでいてびっくりしました。

18歳も年上の大人の男性の言葉です。その瞬間、私は「あれ?」と思いましたが、6歳の少年のような純粋な気持ちから出ていると思えば、辻褄が合います。純粋性は単純性の裏返しでもありますから、そのときどきの男性の言葉には、女性が考えるような深みはないと心したほうが傷つかずにすみますよ。

6歳という年齢の意味

ここで少し見方を変えてみましょう。

シュタイナー教育についてご存じでしょうか。ドイツのルドルフ・シュタイナーが提唱した教育ですが、それによれば6、7歳ごろに体の成長はひと段落つき、学びの段階に向かうといわれています。

それまで子どもは夢の中にいて、自分と他者との境界があいまいです。自分とママは一体で、毎日の同じリズムが心地良く感じられ、両親や大人のしていることを同じように真似します。

そこから次の段階は自分と他者の違いを認識しはじめ、自我に目覚めていくと考えられています。その観点から見ると、日本の小学校の就学年齢はシュタイナー的にも理にかなっています。

もうひとつ、意識の発達に視点を当てると、次のような見方ができると考えられています。

生まれたときには潜在意識と顕在意識の境目がありません。本能で感じたことがそのまま行動に現れます。

たとえば、赤ちゃんは夜中でもどんなときでも、お腹が空いたら泣きます。「こんな夜中に泣いて起こしちゃったらママに悪いかな」なんて考えたりしませんよね。この状態が潜在意識と顕在意識がつながっている状態です。

でも、そのままでは団体生活が難しいですし、目に入った蝶々に興味を持ち、いきなり走り出してしまうようでは車に撥ねられてしまうかもしれません。ですから、母親や保育士さんなどが必死に常識を叩き込み、自分で命を守れるようにします。

ちなみに、それができるようになる6、7歳ごろに潜在意識と顕在意識の間にあるフィルターがしっかりと閉じると考えられています。

お伝えしたいのは、シュタイナー教育でも、意識の発達段階でも、6歳あたりが転換点になっているということです。これは偶然ではないと思っています。

6歳は集団生活や常識にとらわれることなく、本当の純粋な自分でいられる最後のときなのです。

私はこのことに気づき、夫以外の男性を見回してみました。すると、どの男性にも見事に当てはまるではありませんか。

女性の優しさについて、いろんな考え方がありそうですが、私は、男性の中にある6歳の少年のような純粋性を認めて向き合うことだと理解しています。そして、このような視点を持つことを「ピンクのメガネをかける」と呼んでいます。

夫を6歳の少年として見るのはバカにしている？

ある年上の女性から、「立派な大人の男性（夫）を6歳の少年として見るなんてバカにしている」と厳しく批判されたことがあります。このときは私の説明不足が原因でしたが、うまく真意が伝わらなかったことはとても残念でした。

そもそも6歳の子どもとして見ることは、そんなに相手をバカにすることなのでしょうか。たとえ6歳でも赤ちゃんであっても、「この世界に生まれてきてくれてありがとう。元気に育ってね。地球での人生を楽しんでね」と、その存在が愛おしく感じますし、尊敬の念すら湧くのではないでしょうか。

ゆめゆめ次のようには思わないでしょう。「子どもなんて、なんの役にも立たない。さっさと大きくなって役に立ってくれればいいのに」

たとえ年齢は6歳の少年でも（少女も同じです）、そこに存在しているだけで尊いのです。癒やしそのものですし、愛そのものです。赤ちゃんだって、6歳だって、

50歳だって誰かをバカにしていいなんてことはありえないはずです。何歳でも、いろんなことを考えていますし傷つきもします。

人によって感覚の違いはあるでしょうが、私は子どもっぽいと言われると嬉しくなります。なぜなら、何も知らない子どものころのように、純粋に物事に驚いたり、感動したり、喜んだりしているほうが幸せだと感じるからです。

「小さいのに、大人みたいにしっかりしていて偉いね」と言われると、子どもが早く成長しているようで嬉しくなるかもしれませんが、物事に純粋に感動することができず、物事を斜めに見ている寂しさを抱えているかもしれません。私の子ども時代はまさに、寂しい大人びた子どもでした。

とは言っても、大人になっても子どものような純粋な気持ちを持ち続けるのは容易なことではありません。とくに現代社会では早く読み書きを覚えて、早く分別がつき、早く大人になることを望まれます。世間が、子どものままでいることを許してはくれません。なんとも残念な生きにくい世界だとは思いませんか。

そのために、「子どもっぽい」と言われると、見下され、バカにされているように感じやすいのではないでしょうか。

私は夫婦円満コンシェルジュとして数多くの悩みに接するなかで、そのことが夫婦関係を難しくしていることに気づきました。

とくに女性は夫に対して、６歳の少年のような純粋性に目を向けたほうが素敵なきずなが育っていくように思います。

あなたは大人？　ご主人は大人？

「ご主人の中に6歳の少年を探してください」と講座の中でお話ししたとき、たとえば、こんなやりとりをすることがあります。

①あなたは今何歳ですか？

「○○歳です」

②昔を思い出してください。6歳のあなたには、今のあなたの年齢の人がどのように見えていましたか？

「私は今25歳です。両親の年齢以上の人はみんな大人で、ビールも飲めて、何時まで起きていてもよくて、なんでも作れて、なんでも知っていて、すごいなと思っていました。早く私も大人になりたいなって」

③では、今のあなたはどうですか？　あなたが6歳のころ思っていたような、なんでもできる素晴らしい大人になっていますか？

「いいえ、私は昔の私が思っていたような大人にはなっていません。できないことや知らないことだらけです」

こんなやりとりをすることが結構多いのです。そのとおり、子どもの視点からすると、大人ってなんでも知っていて、なんでもできるスーパーマンやスーパーウーマンに見えてしまいます。

でも実際に自分が大人になってみると、「あれ？　こんなはずじゃなかったのに。私は子どものころとあまり変わっていない。気が短いところも、人が集まるお祭りの前日はワクワクしすぎて眠れないところも、ジェットコースターが大好きなところも、大好きな犬がいると触りたくなってしまうところも、子どものころと変わっていない」みたいに思うかもしれませんね。

大人になったらもっと分別がつくと思っていたのに、なんでも作れるし、なんでも知っていると思っていたのに、そんなことは全くなかった。年を重ねれば大人になれると思っていたのに。結婚すれば妻らしくなると思っていたのに。子どもを産みさえすれば自然に母になると思っていたのに……。

どうですか。年齢を重ね、大人、妻、母と〝肩書〟は手に入ったけれど、それに伴う中身まで自動的にもらえるわけではありません。実際には、身に余る責任の重い肩書に負けないように四苦八苦して頑張っている私たちがいるだけなのです。

そう思って、ご主人を見てみると、いかがでしょうか。ご主人もあなたと同じように、歯を食いしばって〝THE　大人の男性〟を演じているだけかもしれませんよ。

6歳じゃなくてもOK

「男性は永遠の6歳の少年」

これは私が実体験で発見したものです。世の中には、6歳でなく、3歳児、5歳児、小学3年生、中学生と、いろんな見方もあります。

「どれが正解ですか?」とたまに質問されることがありますが、「何歳でも構いません」と答えています。

それは、6歳という年齢自体にこだわっているのではないからです。あなたがご主人に、「大人のくせに」「男のくせに」「父親になったのに」と厳しい視線を向け、湧き上がる怒りをおさめるための変化球なのです。さらに、あなたが本来持っている優しい愛の目をご主人に向けて、きずなを取り戻すためのきっかけにすぎないからです。

〝THE　大人の男性〟の失敗を見つけてダメ出しをしていても、楽しい話題で盛り上がることはないでしょうし、笑いが起こることもないですよね。赤ちゃんや子どもの面白い仕草や言い回しなどで家族中が大笑いするように、ご主人のことをクスリと笑えるだけで、夫婦仲が激変した例はたくさんあります。

わが家では、こんなことがあります。

・夫は私が気づいていないと思っていたようで、さりげなく耳の後ろを触り、その指先を鼻先に持っていく、という動作を何度もしていました。ある日、「耳の後ろの匂い好きだよね」と笑って伝えると、夫はびっくりしていました。それからは、堂々と嗅ぐようになりました（笑）。
・爪を切った残骸をテーブルの上に並べるのが好き
・おしっこやうんちの歌を作詞作曲する
・鼻○○をブラックペッパーのように丸めて私に付けようとする

などなど、挙げてみるとどんどん出てきます。まるで〝THE　大人の男性〟とは言い難いことばかりですが、そんなあほらしい姿を見せてもらえるのは妻である私だけの特権です。

大人げないとバカにして、やりこめたとしても何が残るでしょうか。せっかくの笑いや愛が消えるだけではないでしょうか。それよりも、ご主人の面白い姿を発見して、「もっと見せて！」「笑えるね！」「なんか楽しい！」と反応する妻のほうが、いつも怒って正しさを押し付けてくる妻より愛されるのは間違いないですよね。

家の外では気を張って大人のふりをして隙を見せずにあなたを守るために頑張っているご主人が、あなたの前でだけ6歳の少年のように素になっているとしたら、嬉しくないですか。

夫の見方を変えるのはあなたが自由になるための練習

「いちばん近くにいる、いちばん大切な他人」それが夫婦です。「夫婦は合わせ鏡」ともいわれますが、それには二通りの意味があります。

一つ目は、ご主人が怒っているときは、あなたも怒っているときです。自分を写した鏡のようにご主人も同じ状態になっているのです。

二つ目は、あなたが自分自身をどう扱っているか、それが鏡に写すようにご主人の行動に現れるということです。

たとえば、あなたが「私は大した人間ではないから自分の意見は言わないでおこう。私さえ我慢すればすべて丸くおさまる」と思って我慢しているとします。すると、ご主人は「うちの妻は何も意見がない人間なんだ。俺の言うとおりにするのが妻の幸せなんだ」と思うようになります。

あなたが幸せではないことも、我慢していることも、ご主人には全く伝わっていません。男性は女性が期待するような察知力も共感力も持ち合わせていないからです。そのままでは、お互い幸せにはなれません。

反対に、あなたがあなた自身を大切に尊重していけば、ご主人もあなたを大切に扱うようになります。自分のしたいこと、行きたいところ、食べたいもの、すべてにおいてです。今まであまりに子どもたちやご主人のために尽くしてきたあなたは、自分の希望をご主人に伝えるのは身勝手でわがままだと思ってきたかもしれませんが、これからは自分のことを大切にしていいのです。

ご主人の中に6歳の少年のような純粋性を見出せるようになれば、あなたの中にある、ありのままの自分を認めることができるようになります。「こうあるべき」という本来存在しない妻像、母親像を目指して頑張ってきたあなたが、本当の自分に戻るときが訪れます。

私がいろんな男性に「6歳の少年として見られるのはどうですか？」と聞きますと、ほとんどの男性が「そんなふうに見てくれたほうが気が楽で自由だ」と言われます。あなたも、そんなふうに自由に楽しそうにしているご主人を見ていたら、自分ももっと正直に自由に生きていいんだと思えるようになるに違いありま

せん。
　夫婦で、実際には存在しない大人を求め合うことはやめましょう。外に出れば、大人を装って生きなければならないことも多いですが、だからこそ夫婦二人のときだけは、純粋な子どものままに向き合ってください。そんな二人が寄り添い力を合わせ、足りないところを補い合いながら家族として成長していけばいいのだと思います。
　たとえ、他の夫婦と違っていても構いません。大丈夫、どんなときでも、あなたにはあなたのヒーローになりたい味方がすぐそばにいるのですから。

6歳の男の子と女の子のようにわがままに生きていい

6歳の男の子が母親から叱られたとします。本当は自分がしたことで母親が傷ついたことが原因だったのだとしても、そのことはわからず、ただ怒られたとだけ認識し、翌日何も言われなければ、もう忘れてくれた、ああよかった、助かった、と何もなかったことになります。

これは6歳の純粋な男の子にかぎった話ではありません。男性は大人になってもその純粋性を持ち続け、大好きな女性のヒーローであり続けたいという思いを持ち続けています。そんな夫は、妻を傷つけたり、いじめたりしているとは思っていません。誰よりも守ってあげたいし、いつも笑っていてほしい。それだけなのです。

ただし、妻になった女性のヒーローでいたい男性は、プライドが高く、自分から謝るのがとても苦手です。できれば謝りたくありません。それに、そもそも何が悪いのかわかっていないでしょう。

なので、ご主人の言葉に傷ついたときには、一人で怒りを抱えているよりも、しっかり何に傷ついたのかを伝えるほうがいいのです。コツは「伝えればいいだけ」です。

わが夫は今でもやらかします。しかも「君は本当に冗談が通じない」と私を悪く言ったりもします。そんなとき、私ははっきりとこんなふうに言います。「私には、それを冗談と受け止められない。とても傷ついたからもう言わないでね」

私の気持ちは私にしかわかりません。「愛し合っているのなら、夫に私の気持ちを察してほしい」という気持ちはわかります。でも、あらためて言います。男性には察知力がありません。これは仕方がないことなのです。だったら、教えてあげたらいいだけです。

ところが、女性たちの声を聞いていると、それが意外に難しいと言うのです。ここまで、男性は6歳の少年のような純粋性を持ち続けているとお話ししてきましたが、では、女性は何歳の女の子だと思いますか。

私自身も含めて女性たちは、9歳の女の子が男の子に抱くような気持ちが大人になってもそのままなのだと思います。お節介好きで、男の子より自分はずっと大人であり、純粋だけど子どもっぽい男の子を何とかしてあげたいと思ってしまうのです。

あなたはおませな9歳の女の子のように、お節介好きな小さなお母さんのようになっていませんか。

それが、夫婦の関係を複雑にしているかもしれませんよ。

結論を言ってしまうと、夫に対して、そんな大人の女性にならなくてもいいのです。少なくとも夫婦に関するかぎり、そもそも大人なんていないのです。

6歳の少年のように妻のヒーローでいたいと願い続けている夫の気持ちに目を向け、6歳のお姫様に憧れるかわいい女の子のように笑顔でいられたら、きっと夫婦円満に過ごせることでしょう。

そんな自分を本当にイメージできるかなと思ったら、結婚式で、あなたのヒーローになりたいご主人の隣でお姫様のように美しいドレスを着飾った自分を思い浮かべてみてください。

そこに本当のあなたがいます。あなたもご主人も6歳の男の子と女の子のようにわがままに生きていいのです。

次の章から、そのためのヒントを述べていきます。すぐに試せる具体的なヒント満載ですので、期待して読み進めてください。

2章

超簡単実践編
こんなとき怒りをおさめるにはどうする？

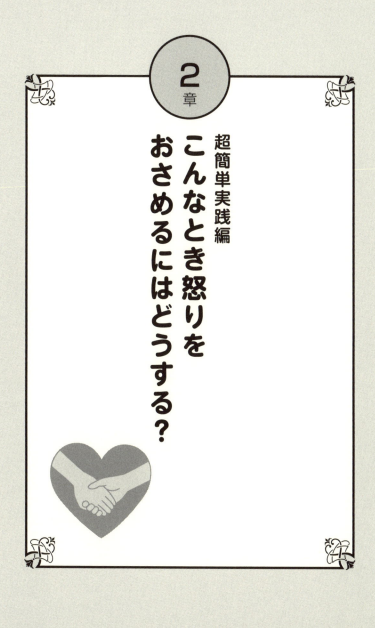

1章では、夫が6歳の少年のような純粋な心を持ち続けていること、そのかわり、妻が期待するような察知力や共感力は期待できないこと、そして女性がこのことを知るだけで夫婦の関係に変化が起こるとお話ししました。

そのうえで、2章では、女性たちが夫に怒りを覚えやすいケースを具体的に取り上げ、そんなとき、その怒りをうまくおさめるためのコツをお伝えしていきます。

もちろん、ほかにもいろんなケースがありますが、ここに取り上げたものを通して、1章に述べたことを確認していただければ、どんどん応用していただけると思います。

はじめから順番に読んでいただいても結構ですし、関心のある項目を見つけて、そこから読んでいただいても結構です。

夫を責めたくなったとき

子どもが生まれると、女性の生活はガラリと変わってしまいます。寝ても覚めても子どものことばかりになってしまい、自分の時間なんて全くありません。子どもがかわいいのはもちろんですが、2時間おきの授乳だけでも大変なのに、原因不明の夜泣きなど、ママは睡眠不足でふらふらです。

それなのに夫の生活スタイルは出産後もあまり変わりません。たとえば、「夫は朝起きたら、布団の中で30分くらい携帯でゲームをしてから起き上がるのが出産前から同じ朝のルーティン。これまでは全く気にならなかったけれど、今は妙に鼻につくし、はっきり言ってムカつく。

私のほうは、100%子ども中心の生活に切り替わったというのに、以前のまま変わらない夫にイラついてしまう」

こんなママからの不満をよく耳にします。本当にそのとおりですね。

新しい生命体と暮らすのは簡単なことではないのに、すべては女性の役割と思っているのか、全く信じられないし、怒りさえ湧いてくるという女性たちは本当に多いですよね。

こんなときは、1章で述べたように、男性には女性に対する察知力と共感力を期待しても無駄なことを思い出してみてください。赤ちゃんのおしっこのおむつを替えただけでも、少し抱っこしただけでも「俺ってイクメン！　いい夫だ！」と思っているのかもしれませんよ。自分なりに子どもとの生活を頑張っているつもりなのかもしれません。

でも、毎日24時間体制で子どもと向き合い、すべてに対処している女性から見ると、それくらいで「イクメン」なんてふざけたことを言うな！　と怒りが湧いてくるのも無理はありません。

じつは、ここが夫婦円満の分かれ道です。強く逞しいママになって夫を従えて生きていくのか、夫からたっぷり愛されて楽ちんで幸せな人生を送っていくのか。どちらを選ぶのか、決めるのは女性自身なのです。

私はもちろん後者をおすすめします。そのための秘訣は、「伝える」ことです。

夫は、妻の仕事がどれだけあるのか、どんな気持ちでいるのか、全く察知できていないのです。

そのうえ、夫のことまで気を遣わなければいけないことにイライラしていることも察知できていません。妻のイライラは寝不足だったり、子どものせいだと100%思っています。

まさか自分の朝の携帯ゲームや、おしっこのおむつ替えを楽しんでしていることに腹を立てているとは、夢にも思っていません。

そんな夫に、「愛しているなら察知してほしい。いえ、察知するのが当然なはず」と夫を責めてイライラした毎日を送るか、上手に自分の気持ちを伝えられるか、それが夫婦円満に過ごせるかどうかの分かれ道です。

気持ちがうまく伝わらないとき

残念ながら夫にかぎらず男性は、察知力も共感力も持ち合わせていないことを受け入れてください。まれに女心がよくわかる男性が存在しますが、それは超レアキャラです。

それでも超レアキャラな男性に出会えるまで探す道もあるかもしれませんが、そんな確率の低いことにかけるより、大多数である察知力を持たない男性との付き合い方を知るほうがよっぽど実用的ではないでしょうか。

ここで、そのために超有効なコツをお伝えします。そのためのポイントは、夫の中にある6歳の少年のような純粋性に照準を絞ることです。

たとえば6歳の男の子に、

「なぜできないの？　どうしてわかってくれないの？」

と、けんか腰に話すとどうなるでしょうか。

「わからないものはわからないよ」

と、ふてくされそうではないですか。

怒りをぶつけると、怒りが返ってきます。あなたの怒りをぶつけて責める前に、怒りの奥にあるあなたの本当の感情を伝えましょう。

ご主人が連絡もなしに飲みに行き、夜中に帰宅したとします。帰宅したご主人に対して「飲みに行くのなら連絡してって言ったよね？　なんでLINEで知らせることくらいできないの？　せっかく夕飯作ったのに！」と、イライラしながら言いたくなりますよね。

でも、待っていた自分の気持ちを冷静に考えてみると、帰宅するはずの時間に連絡もなく帰ってこないことが心配だったのではないでしょうか。

「電話も出ない。LINEも既読にならない。何かあったのかしら？」

そうしてご主人の身を思いやる「心配」が、怒りになる前の感情だったはずです。

それなら、こう言えたらどうでしょうか。

「何もなく無事だったのね！　よかった！　連絡がないから何かあったのかもし

れないって心配でたまらなかったのよ。お願いだから、飲みに行くときには連絡してね」

そんなかわいらしいこと言えないと思われる方もいらっしゃるでしょうが、これがあなたの本来の気持ち、本音ではないでしょうか。

あなたが心配していることをわかってもらいたくて嫌味を言ってしまうのかもしれませんが、察知力のない男性には伝わりません。

たとえ、あなたの言葉の裏に「もっと私を見て！　ちゃんと愛して！」という気持ちが隠されていたとしても、肝心の夫に「また怒られた」としか思われないとしたら、もったいないと思いませんか。

もっと手伝ってほしいのにやってくれないとき

これにも察知力、共感力の問題が大きく関係してきます。

日本には「以心伝心」という素敵な言葉があり、長年寄り添った夫婦は言葉を交わさずとも相手の言いたいことがわかるといわれてきました。私も夫に25年寄り添っているので夫の言いたいことは結構わかるつもりですが、夫が私の気持ちを察することはほぼありません（笑）。

例を挙げますと、「最後まで話を聞いて」とこれまで何度も伝えてきましたが、今でも聞いてくれません。難しいです（笑）。ですが、夫に家事や育児に参加してもらうには、次のような3つのステップさえ踏めば楽勝です。

①夫ができそうなことを探してお願いする

育児や家事など、どんな些細なことでもOKです。育児も家事も女性だけの仕事ではないのに、なぜ「お願いしなければならないの？」と反論が来そうですが、目的は「夫が家事育児をする」ことなので、やるのは当然と割り振るよりも、妻がお願いしたほうが、夫は気持ちよく動けます。

たとえば家事なら、掃除機、食器洗い、お風呂洗い、ゴミ捨て、朝食の準備などの中から、何か一つお願いします。あるいは育児なら、子どもと夫だけのお留守番（10分、30分、1時間、3時間、半日、1日、1泊と時間を長くしていく）、お風呂、ミルクや離乳食、外遊びの付き添いなど、何か一つをお願いします。

はじめは、できるだけハードルを低くするのがコツです。

②できていなくても「ほめる！」

「よ！　掃除機マン！　天才！　かっこいい！」。たとえ部屋の隅にほこりが残っていたとしても、掃除機マンの登場を喜びましょう（笑）。食器に食べカスが残っていても、お風呂洗いが湯船の中だけだったとしても、子どもと夫が留守番をして部屋がめちゃくちゃになっていても、とにかく挑戦してくれたことをほめましょう。

ここで「やっぱり夫には無理だわ」とあきらめてしまうと、家事も育児もすべて一生涯あなたの仕事になってしまいます。ですから、ここは正念場です。

子どもが小さなころに、「ボタンかけ」や「リボン結び」を根気強く寄り添う、あの要領です。

「大人なのだから自分でなんとかして」と言わずに、ここは辛抱あるのみです。実際、子育ても夫育ても、さらには自分育ても全く同じですから。
③感謝を言葉にして伝える
そして最後に「ありがとう！　とっても助かったわ」と心を込めて笑顔で伝えましょう。夫から「ありがとう」なんて言われたことないのに「なぜ、私だけ？」と思っても、しっかり「ありがとう」と伝えましょう。必ずご主人の心に響いていますよ。

これをくり返すだけで、自然に手伝ってくれる夫に変わっていきます。

思ったほど夫が育児を手伝ってくれないとき

思ったほど夫が育児を手伝ってくれないことにイライラすることがあります。そんなときの基本も先の3ステップと同じです。

①「夫ができそうなことを探してお願いする」
・おむつはおしっこから
・外出中の抱っこ
・外出時のベビーカー押し
・荷物持ち
・乳児の沐浴（手が大きいから安心）

②できていなくても「ほめる！」

できていなくても「ほめる！」が基本ですが、できることなら、できていてほめたいですよね。そのための秘策として、成功するように前もって「仕込み」をしておくことをおすすめします。

たとえば、おむつ替え。ミルクだけのうんちは臭くありませんから、臭くないミルクのときから、うんちのおむつ替えをお願いするようにします。そうしていると、離乳食がはじまり、匂いがキツくなっても、それほど苦にせずできるようになります。

外出時の抱っこの仕込みとしては、夫がいないときに外出する際の抱っこする大変さをたくさんアピールしてください。「あなたがいると安心するわ。ベビーカーも私一人のときは肩身が狭いの」……。

そして、抱っこしてくれたら、ほめてください。そんなこと、当たり前に自分はやっているのに、夫がやったからといって、わざわざほめるなんて気がおさまらないかもしれませんが、ほめられて嫌な気がする人はいません。

くり返しますが、子育ても夫育ても、自分育ても大変なのは同じです。ご主人をほめるだけでなく、いつも頑張っている自分のこともたっぷりほめてくださいね。

③感謝を言葉にして伝える

②と③は似ているようですが、「ありがとう」は言われた相手も嬉しいですし、おまけに言ったあなたの気分も上がり、波動も運気も上がります。まさに最強ワードですから、できるだけ毎日、たくさん口にしてくださいね。

一人目の子育ては、神経質になったり、心配しすぎたりしがちですが、それはご主人も同じです。全く初めてのことに怖くてたまりません。違うところは、男性は怖がったり、できなかったり、かっこ悪かったりする自分を認めるのは大の苦手な点です。

はじめは誰でもパパ、ママ1年生です。ただ、ママのほうが妊娠して10カ月一緒にいた分、親として先輩なので、優しい気持ちで少し後輩のパパが気後れしないように、ときには「もうすっかりパパね！　ありがとう」と感謝の言葉を伝えて、やる気を育ててください。

妊娠と出産、それは二人にとって人生で初めての体験です。このとき、二人で育児に取り組めるようにする一手間、二手間が、間違いなく、これからの長い夫婦生活の礎となります。

反対に、心に傷を残し、いつかそれが表面化して夫婦のきずなを壊してしまうことにもなり得ます。

妊娠・出産は子どもが生まれ、育つ大切な時期ですが、同時に、その後の夫婦生活を幸せに過ごせるか否かを方向づける時期でもあります。子どものことだけでもいっぱいなのに、そんなことまで考えていられないと思われるかもしれませんが、夫は最強の仲間であると思って子育てに一緒に参加できるようにサポートしてあげましょう。

お願いしたいことがうまく伝わらないとき

1章でもお話しした、ミキティこと藤本美貴さんとなっちゃんこと横澤夏子さんがMCのママに特化したバラエティ番組『夫が寝たあとに』の初期のころに取り上げられたお風呂の話題が秀逸でした。

MCのお二人とも3人の子育て中ということで、ご主人が3人の子どもをお風呂に入れてくれるそうですが、お二人は子どもの体や髪を洗っただけでは足りない、不満だというのです。

ご主人は子どもたちの体と頭を洗い、最後に湯船で温まったところで、「お風呂出るよ～」と声をかけてくるそうですが、お二人の会話は「そうじゃないんだよ」ということだったと思います。

わが家の場合は一人っ子でしたので、夫に「お風呂出るよ～」と言われたら「は～い」と裸ん坊の娘を受け取り、体を拭いて髪の毛をドライヤーで乾かし、クリームなどでケアをしてパジャマを着せるのは私の役目でした。

しかし、3人子どもがいる場合はママの事情も変わってきます。子どもたちがお風呂に入っている間にやりたいこともあるでしょうから、「お風呂出たあとのこともやってよ」となるでしょう。

たしかに、パジャマを着るまでをお風呂に入れるワンセットとするならば、体や髪を洗うところまでだと3分の1です。びしょびしょの体のまま走り回る子どもたちを制御するのも一苦労ですよね。

そのときのミキティのお話しは素敵でした。

「出るよ〜」と言われたら「は〜い」と答えるのは同じですが、ミキティはお風呂場には向かいません。「拭いて〜」と声をかけて体を拭いてもらいます。「拭いたよ〜」のあとは「は〜い、ドライヤーお願〜い」「パジャマ着せて〜」と遠隔操作で、ご主人が3人の子どもたちのパジャマを着せるところまで仕上げてもらうそうです。

たしかに、こんなふうにしていると、ご主人は自分でもできると自信がついていきます。だんだん子どもたちが大きくなっていくと、上の子が下の子の面倒を見はじめるようにもなるでしょうから、良いことばかりです。

夫が子どもの世話をしている間、妻は何をするべきでしょうか。もちろん家事をこなすのもありですが、ソファーに腰掛けて何もせず、だら～っと休んでいてもいいのです。

夫にお願いしても中途半端で、結局自分がやることになってしまうから、いつもイライラするという女性は多いのではないでしょうか。そうして自分でも知らないうちにストレスが溜まります。

ミキティのように、夫を叱るのでもなく、手伝ってくれないと嫌味を言うのでもなく、知らないうちに協力してもらえるようになるといいと思いませんか。

イライラが爆発しそうなとき

育児も家事もエンドレス、やってもやっても終わりがありません。片付けたそばから新しいおもちゃを広げる子どもたち。「洗濯機って1日に何度も回すものだったかしら?」と思うくらい洗濯物が多いし、部屋は片付かない。ご飯を食べさせてお風呂に入れて寝かせるだけのはずなのに、なぜこんなに大変なんだろうと思ってしまいます。

「子育てって、ひとときだよ」と言われることもあるけれど、そのまっただ中にいると「あと何年こんな生活が続くのだろう」と苦しくなります。もちろん子どもはかわいいけれど、気が遠くなりそうと思うこともあるでしょう。

そんなママたちだからこそ、愛する夫の言動が気になるのです。「そりゃあ、家事も育児も非協力的で何もやってくれない男性と比べたら、うちの夫は手伝ってくれるほうだと思う。でも、『俺いい夫、イクメンです』みたいな顔をされると、なんだか腹が立ちます」夫婦円満コンシュエルジュとして活動していると、そんなママたちの声を聞くことが結構あります。

そのままにしていると、怒りに変わり爆発するかもしれませんよ。もし、このごろイライラしているかもと思ったら、他のご主人と比べたり、育児書やネットの中の情報を見る前に、あなたの心の中をのぞいてみてください。

そして、浮かんでくる思いを紙に書き出してみてください。「おしっこだけがおむつじゃない」「料理してくれてもそのあとの片付けが大変」「ゲームで遊ぶ暇があるのがムカつく」「私への労いの言葉がない」……、なんでも思いつくままに書き出してください。

そのあとは、書き出したものをご自身で眺めているだけでOKです。「なんだ、そんなに大したことないな」と気づいたら、それはそれでOK。

もし、書き出しても全くイライラがおさまらなくてもOKです。自分を責めないでください。ここがいちばん大切なのですが、書き出した今の気持ちを、こんなふうにご主人に話してみてください。理不尽なことを言っているかもなんて、思う必要ありません。

「私、なんだか変なの。あなたがいっぱい手伝ってくれていることはとってもありがたいと感謝している。でも、小さなことですぐにイライラしちゃうの。こんなことも、あんなこともムカついちゃうの。ごめんね、私おかしいのかな」

泣いてしまっても構いません。今の不安や怒りをご主人に伝えてほしいのです。具体的には何も解決されないかもしれませんが、そこは問題ではありません。あなたの本当の気持ちを知ること、そして夫にイライラしていることがあると伝えることが重要です。

何度も言います。男性には女性が期待するような察知力も共感力もないので、夫婦間の溝が後戻りできなくなる前に、あなたの今の気持ちを伝えたほうが、修復が早いのです。

記念日を忘れていることにイラついたとき

あなたは、家族でどんな記念日をお祝いしていますか。誕生日、結婚記念日、母の日、父の日、クリスマス……。韓国では付き合いはじめて100日、200日、300日の記念日まであるらしく、覚えていられないのでリマインドで教えてくれるアプリもあるそうです。

日本ではそこまで多くはないでしょうが、夫が結婚記念日や誕生日を忘れていると、「愛されていない証拠」とばかりにイライラしたり、落ち込んだりする女性もいらっしゃいます。

女性がそんなふうに受け止めていることを察知できない男性からすると、ちょっと忘れていただけで、妻を愛していることに変わりはないのにと思っていることでしょう。

まさか「記念日を忘れるなんて愛されていない証拠」と落ち込む女性がいると

は想像もしていないのではないでしょうか。

昔の私は誕生日当日まで、ドキドキしながら夫からのサプライズを待っていました。そして、見事に玉砕していました。

そこで、ある年から3年続けて、「私の誕生日には、○○というレストランで○○の料理が食べたいな。当日サプライズであなたが予約してくれていてびっくりするのが夢なの」と誕生日前に何度も夫に話しました。

こうしてレストランの名前も料理も告げたので、もはやサプライズではないのですが、それでも夫は3年続けてサプライズをしてくれませんでした。さすがの私も、「愛されていない」「私の誕生日はいつも最悪」と落ち込んでいました。

それほど男性には察知力がないことを、当時の私は知りませんでした。そのことがわかってからは作戦を変えて、夫にこう伝えました。

「今年の誕生日は○○で食事がしたいので、予約してください」

すると、その年は念願のレストランで念願の料理を食べ、夫に祝ってもらうことができました。それまでの3年間、愛されていないのかもしれないとイラついていたことが嘘のようでした。

自分から言わなくても、自分を愛してくれているのなら察知してほしいと期待しては裏切られ、イライラして自虐に落ち込むのはもうやめましょう。

察知力がないのが男性だと割り切って、あなたの望みをそのまま伝えていきましょう。

そのほうが男性のためには優しい対応なのです。そして、私たち女性の幸せのためにも、ね。

私の変化に気づかないことにイラッとしたとき

髪の毛を〝3センチ〟も切ったのに……

髪型をロングからショートに変えたのに……

新しいネイルにしたのに……

新しい口紅なのに……

初めて使うアイシャドーなのに……

夫は気づいてくれない！

たったこれだけのことなのに、女性の脳の中ではこんな妄想がはじまります。

「私の変化に気づかないということは、もう私に興味がないということよね。私のことなんてどうでもいいんだわ。結婚前はあんなに優しかったのに。美容院へ行ったらすぐにかわいいねってほめてくれたのに。もう、愛されていないのね」

どんなことがきっかけでも最終的には「愛されていない」にたどり着きます。

しつこいようで恐縮ですが、これも察知力の問題です。女性は友達同士の変化も敏感に感じ取り、声を掛け合います。たとえば、こんな感じです。

「あら、そのネイル素敵！」

「髪型変えたのね、似合うわぁ」

「少しやせたんじゃない？」

いつでも瞬時に言葉が出てくる女性たちを私は尊敬しています。

というのも、私はこの点に関してはかなり男性性が強いので、女性の細部に気づけないからです。いえ、嘘をつきました。正直に言います。私は細部の変化に興味がありません。

髪型がロングからショートに変わったときくらいはわかりますが、数センチの違いは全くわかりません。体重の増減もわからないので、「やせた？」と聞いて「太った」と言われ、何も言えなくなってしまう始末です。

でも、細部の変化に興味がないからといって、本人に興味がないわけではありません。きっと男性も私と似ているのだと思います。細かく見ていなくとも、大好きな「あなた」を見ているのです。細部の変化に気づく、気づかないで愛情をはかると、イラっとして気分が悪くなるだけですから、やめてしまうのがおすすめです。そのほうが夫婦円満への近道です。

そのうえで、それでも美容院へ行ったり、髪型を変えたり、新しい服を着たりしたら変化に気づいてほしいですよね。それは私も同じですが、そんなときは簡単です！　そのままの気持ちを言葉にして伝えるだけです。

「髪の毛3センチ切ったの！　すっきりしたでしょう？」

「ロングからショートにいっぱい髪の毛切っちゃった！　どうどう？　似合う？」

「秋っぽいネイルにしてみたの！　いいと思わない？」

「いつもより少し濃いめの口紅に挑戦してみたの。かわいい？」

「久しぶりにアイシャドー変えてみたんだけど、変じゃないかな？」

コツは「どう思う？」と違いに対する意見を求めるのではなく、「いいね！」と答えやすいような言葉をかけることです。

頑張って掃除したのに無反応なことにイラッとしたとき

いつもより頑張って掃除をしたとき、夫が気づいてくれたら嬉しいですよね。床を水拭きしたり、ワックスをかけたり、窓や網戸、カーテンを洗ったり……。家中がピカピカ、キラキラ輝き、見違えるとうっとりしますよね。

それで、きっと夫もすぐに気づいてくれるに違いないと、わくわくしながら夫の帰りを待っていたのに、疲れているのか全く反応なし。

すぐに気づかない夫を残念に思いながらも、あなたはもう少し頑張ってみるかもしれません。そして「ねえねえ、家、何か変わったと思わない？」と話しかけると、夫は期待に溢れる視線に気づいて、なんとか違いを探そうとします。でも、残念ながら、正解する確率はとても低いのではないでしょうか。

せっかく家の中がきれいになって、上機嫌だったのに、るんるん幸せモードが急降下して怒りに変わってしまうかもしれません。

私は現在の夫婦円満コンシェルジュの活動をはじめるまでは専業主婦だったので、そんな経験が何度もありました。

近ごろでは、私が外出することが増え、夫は前よりも家事を手伝ってくれることが多くなりました。ある日、面白いことが起きました。

家に帰ると、夫が私にこう言ったのです。

「何が変わったかわかる？」

おっと！ このフレーズは妻が夫に発するのと全く同じではないですか。私は内心ヒヤリとしました。なぜなら、妻が夫にこう質問したときに、的外れな回答をしてしまうと怒りが生まれることを知り尽くしていたからです。

私は必死に周りを見渡してみました。これは失敗が許されない最難関のクイズです。私が答えられず、ぐずぐずしていると、夫はもう一言、妻がよく使う言葉を言い放ちました。

「ま、どうせ君にはわからないだろうけどね」

この言葉には、きれいに仕上げた自分の仕事が評価されないことへの失望と怒

りが含まれています。私は慌てて
「どこどこ？　今日は何をきれいにしてくれたの？」

と、にっこりしながらキョロキョロ家中を見て回りました。

すると、やっとここで「網戸洗ったんだよ」と正解を教えてくれたので、

「わ〜〜〜、ほんとだ！　きれい！　全然違うね！　ありがとう！！！」

と抱きつきました。

立場が変わると、男性も女性と全く同じことを言うんだなと、とても勉強になりました。

解決法はただ一つ、ストレートに言ってほめてもらうことです。

「見て、見て！　今日、ここをきれいにしたの！　素敵でしょ！」

話を真剣に聞いてくれない夫にモヤモヤしたとき

米メリーランド大学の研究結果によると、男性が1日に発する平均的な単語数は約7000語で、女性の場合は約20000語と約3倍の差があるそうです。ですから、「女性は男性より3倍たくさん話をする」というのは本当のようです。

私がアメリカにいた10年ほど前、「女性のほうが男性より3倍多く話をするのはなぜか?」について英会話教室で討論したことがあります。そこにはいろんな国の方たちがいました。

「男性が話を聞かないから仕方なく3回話すことになる」と、一人の女性が言うと、「うちの夫もそうだわ」「うちもよ!」という声で教室がとても賑やかになったのを覚えています。

そのときの私の英語力はまだ、自分の考えを言うほどではなかったのですが、国が違っても女性たちは同じように感じているんだなと実感しました。話を聞いてくれない男性への不満が爆発して、なかなか女性たちの話が終わらないなか、先生がロシア人の40代後半の男性に意見を求めました。「女性が3倍話すために、男はわざと聞かないようにしてるんだよ」という、いつも寡黙なこの男性の一言で、水を打ったように教室が静かになったのは印象的でした。

夫と話していると、私としては何度も話していることなのに、「初めて聞いた」と真剣に言われることがあります。そんなときはたいてい二人ともお酒を飲んでいるので、以前話したけれど忘れているのなら「まあいいや」と気を取り直して、もう一度話します。ですから、お蔭様で同じ話を何度も話すことができます（笑）。

そもそも私は何度も同じ話をしてしまうタイプのせいもありますが、「その話3回目だよ」「何度も聞いたよ」と冷たく言われるよりも、初めて聞いたと〝驚きのリアクション付き〟で聞いてくれるのは、ありがたいことだと思うようになりました。

男性からすると、女性は3倍話すので、すべて聞くのはとても面倒です。しかも、女性の話にはオチがないことも多々あるので苦痛なこともありそうです。ですから、男性は話半分で適当に相槌を打ってくれればいいのです。「うんうん、そうだったの、それは大変だったね」と適当に聞いてくれればいいのです。

そもそも男性は、話を聞くと解決したくなるので、「そんなに嫌ならその人と会わなければいいのでは？」「その会、無意味じゃない？　やめちゃえば？」などと意見してきます。でも、女性としては、真剣に相談したいときは別として、ほとんどの場合はただ聞いてほしいだけです。ましてや、自分を否定されるような意見は聞きたくないですよね。

どちらがいいか、察知力の低い男性に使い分けを求めても難しいでしょうから、愚痴をダラダラ話したいときに、初めて聞いたみたいに驚きながら聞いてくれるなら、そんな夫は便利なのかもしれません。

父親の自覚がなさすぎてカチンときたとき

ママ友ランチ会で、しょっちゅう出てくる話題があります。それは、パパになったのに父親の自覚がなさ過ぎるという不満です。

「独身時代と全く変わらない夫にがっかりを通り越して辟易してしまう」

「一家の大黒柱なのだからもっと、いやもう少しでいいからしっかりしてほしい」

「子どもが生まれたのに父親としての自覚が見えない」

どれも、夫になった男性にあるあるですよね。1章で妊娠・出産期の過ごし方がその後の夫婦の分かれ道になるとお話ししましたが、本当にそうなのです。

対応を間違えると、ますます男性がやる気をなくし、妻がダメだと思うイライラする夫になっていきます。その分、妻は一人キリキリ舞いしながら家庭を回し、その勢いで夫を尻に敷く強く逞しいママになっていきそうです。

でも、夫が妻のヒーローへと成長し、父親の自覚と自信を持つようになってくれたら、家事も育児も楽ちんになります。そんな夫の愛を感じながら夫婦円満に過ごす道もあるはずです。

「どちらを選びますか？」と聞かれたら、すべての女性は後者を選ぶことでしょう。だって、「楽ちんで愛される」って最高ですから。

パパになった男性の心を覗いてみると、こんな声が聞こえてくるかもしれません。

「ぼく、いきなりパパになっちゃった。赤ちゃんを抱っこしたこともないし、おむつなんて替えたこともない。ましてや、うんちが手につくなんて汚いし、嫌だよ。できるなら、やりたくない。

僕のママがそうしていたように、女の人は赤ちゃんを産んで育てるのが仕事なんだから、そんなに嫌じゃないでしょ。

僕は外に出てできるだけお金を稼いでくるから、それで許してよ。それに、最近は男女同権とかで共働きも増えているんだから、奥さんも働いてくれると尚さら嬉しいな」

なんて、ふざけたことを考えているかもしれません（笑）。

夫を大人だと思っていると、そんなの「ふざけるな！」と怒鳴って性根を叩き直したくなりますが、1章でお伝えしたことを思い出してください。

男性は6歳の少年のような純粋性を持ったまま、体は大きくなって〝大人の男性〟になっています。そのような男性が、子どもを目の前にしたからといって、すぐ父親の自覚を持てるでしょうか。

しかも、妊娠10カ月の間に少しずつ母親の自覚ができていく女性とは違い、男性は赤ちゃんが目の前に現われたところから、父親として実質的にスタートするのです。

女性は、お腹の中でずっと感じていたわが子を出産し、赤ちゃんにお乳を吸われるときに母親としてのホルモンが活性化され、本格的に母親になるスイッチが入るそうです。

私も、胎動を感じたり、お腹を蹴られたりしながら少しずつ母親になるのかなと自覚するようになり、出産したわが子にお乳を吸われた瞬間「あなたがものすごく必要です！」とダイレクトに求められていることを実感しました。そうした経緯があったおかげで母親になれたのだと思います。

では、父親はどうでしょうか。どうやら、産まれたわが子を抱いたときに初めて父親スイッチが入るようです。それは、母親が妊娠を知ったときと同じような感覚なのだと思います。

思い返してみてください。妊娠を知ったときと初乳を与えたときとでは全く違いませんか。言ってみれば、少女と母親ほどの覚悟の違いがあります。その準備のために、神様は妊娠そして陣痛、出産という順番を女性に与えてくれたのかもしれません。

そんな女性と比べると、ほとんど準備段階がないまま、赤ちゃんを抱っこしたからといって、すぐ父親としての自覚、覚悟が持てるかといえば、もちろん難しいでしょう。

どんなことでも経験者が未経験者を導き教えていくのが社会です。この流れがうまくいくと、その後の夫婦関係もスムーズに流れていきます。

ただし、男性はプライドが高いので注意が必要です。先輩である女性が上から見下すように指示ばかりしていると、男性はやる気がなくなります。

本当は一家の長としてあなたと子どもを守るヒーローになりたいのに、なんだかバカにされているようで、一緒にいても存在意義を見失うかもしれません。

ぜひ、女性の側が男性のプライドを守ってあげながら、父親になる応援をしてあげてくださいね。

互いに勝ち負けにこだわってしまったとき

夫婦が同じ歳だったり、女性が年上だったりするときによく見られるようですが、夫婦に勝ち負けはいりません。

同じ歳ですと、競争社会で生きてきた名残りなのでしょうか、小さなことでも勝敗を気にして、お互いに負けたくない、優位に立ちたいとマウントを取りたくなってしまうようです。

女性が年上の場合は、わずか数カ月の差だとしても、年上だから私がしっかりしなきゃ、とお姉さんのように振る舞ってしまう方がいらっしゃいます。自分のほうが優位にいなければと思ってしまうようです。

ここで、またまた私の恥ずかしい話です。一度目の結婚生活は、ディベート大会のように二人でよく意見を戦わせていました。理屈で相手を論破するのはなかなか面白いものです。夫より優位になる心地良さは捨てがたいものでした。

でも、そのささやかな優越感のために、私は元夫からの優しい愛を失いました。直接的な離婚の理由ではありませんが、夫婦で勝ち負けを争っていると心穏やかな愛し愛される関係にはなれませんよね。

夫との日々の小さな戦いにいくら勝利しても、優しい愛情を失ってしまうのならその勝利になんの意味があるのでしょうか。しかも、男性の純粋性を傷つけることで、女性に対する愛が冷めていくとしたら、悲しいばかりです。

何度も述べてきましたが、男性は女性に比べて察知力や共感力が劣っています。それがわかった途端、夫が子どもっぽくて頼りにならないと思ってしまう女性が多いようです。

でも、いくら夫を負かしても、6歳の少年のように純粋に妻のヒーローになりたい男性の気持ちを傷つけたら、その愛を失ってしまうだけです。男女には、お互いに別の特性があり、役割があります。それを理解して向き合うとき、夫婦円満に過ごす毎日が訪れることを忘れないでください。

3章

それでも離婚しないという選択

夫婦円満コンシェルジュの私に二度目の離婚の危機

「夫婦円満コンシェルジュ」という肩書きですので、離婚に反対なのかと思われることがよくあります。が、そんなことはありません。しっかりコミュニケーションを取る努力をしたあと、が大前提ですが、離婚が必要なときもあります。

本書の「はじめに」で少し触れましたが、私の一度目の離婚は、元夫から切り出されたのがきっかけでした。結局、最後は私のほうから離婚したいと伝えました。その後、再婚して今に至りますが、じつは5年ほど前、現在の夫との離婚危機がありました。

自分で言うのもなんですが、私たち夫婦は仲良く過ごしてきました。娘が寮生活に入り、二人でしばらくアメリカ生活をしたあと、日本に戻ってからも夫婦二人の生活が続いています。ところが、ある時期から、夫との会話がどんどん苦痛になってきたのです。

なぜか夫と会話していると、ネガティブな話をすることが増えはじめたのです。「夫婦は一緒のベッドに寝たほうがいい」といつも話していた私なので、寝るときも犬の散歩もいつも一緒ですが、話しているとどんどん気が滅入り、体の不調まで感じはじめたのです。

もしかしたら、今の生活が私を苦しめているのかもしれない。そう思った私は、「楽しい会話がしたい、ネガティブな話を聞いているからか体にも支障が出てきている、助けてほしい」と夫に伝えました。

ところが、「俺の意見を聞かないし、俺を否定する君のほうがよっぽどネガティブじゃないか」と一向に聞き入れてもらえません。夫は話を聞かない私のほうが問題だと非難し続けました。

二人暮らしの狭いマンションは一人になれる逃げ場もありません。いつもは犬の散歩に夫を誘うのですが、ある日意を決して何も言わず、一人で犬の散歩に出ました。そのときのことは今でも鮮明に覚えています。

外に出た瞬間、夫のいない世界がどんなに明るく、清々しいものかを感じてびっくりしました。開眼したといったほうがぴったりです。サングラスをかけたようになんとなく暗かった世界が、急に色鮮やかに生きいきと動き出した、そんな感じでした。

散歩から帰りたくなかったけれど、そんなわけにもいかず仕方なく戻りました。

そのときの私は、すでに夫婦円満コンシェルジュと名乗りはじめたころです。しかし、それだけで生計を立てるほどではありませんでしたし、何よりパートナーシップの専門家という立場を考えると、そんな私が離婚というわけにもいかない。でも、このままでは自分がおかしくなりそうでした。

きっと私のような女性が多いに違いない、私が夫が寝たあとに確認できた「愛の法則」を伝えたいという思いから、本書を発行することにしました。

あなたが自分をどれほど大切にしているかがポイント

離婚して一人になったらどうなるのかしら？　慰謝料は？　生活費はどうなるのかしら？　離婚を悩んでいるときって、頭の中をいろいろな思考が走り回ります。そうして悩んでいるときは、まだ決めるタイミングではありません。そんなときは、時を待ちましょう。何かがふっきれると面白いように心が決まります。

「お金の不安はもちろんあるけれど、きっとなんとかなる。このまま重い空気の中で自由に息もできないような生活は無理。耐えられない。どんなに狭い部屋でも大丈夫。私は自分で幸せになる」

夫が寝たあとに考えていると、そう思えるようになりました。ある日、思い切って夫に「離婚したい。明日部屋を見に行く」と告げました。それまで、なかなか離婚を切り出せなかった理由は、私が自分の力を信じていなかったからです。「私は自立できない。稼げない。一人で生きていけない。何の力もない人間です。

夫に養ってもらわなければ生きていけません。だから、多少嫌なことがあっても我慢しなければならない弱い人間」と、私が自分のことを一人で生きていく力のない情けないやつだとなめていたのです。

私が私をいちばん大切にしてあげるべきなのに、私の力を私が信じていなかったのです。「自分を大切にする」とは、私が私の力を信じてあげて、私が幸せになる道を応援していくことです。そのために今できることを必死に考えて、一つひとつ行動に移していく。それだけなのです。

ところが、私がやっと決断し、行動に移そうとしたとき、すべてが変わりはじめました。夫は、私には経済力がないので、離婚しても一人で暮らすなんてできるわけがないと、たかをくくっていたのです。一人で暮らせる器ではない、俺から離れられるわけがないと、なめられていたのです。

私が最初に離婚を申し出たとき、夫は驚きながらも、夫婦喧嘩の延長で「別れる！」と脅しているくらいに思ったようです。ところがすでに引越し先の目星も付け、翌日内見に行くことまで決めていると知って、本気だと気づいたのです。

自分を大切に生きると決めたら相手が変わる

結果からお話ししますと、私は二度目の離婚をやめました。じつは、娘の成人式を記念して家族写真を撮ったとき、娘に離婚することを伝えました。娘の号泣し嗚咽する姿に胸が痛みました。

それで気が変わったわけではありません。私の人生は私のものですから。でも、もう一度考えるきっかけになりました。

離婚を思いとどまったのは、私が自分を大切に扱うことができたから、そして夫が私を大切に扱うようになったからです。その間の紆余曲折は省きますが、私をないがしろに扱う人とは一緒にいられないと宣言したことで、夫の頑固な殻がガラガラと崩れたのです。

「このまま今までと同じように自分の意見を押し通せば、確実に妻がいなくなってしまう。自分の人生から完全に消えてしまう。何より、自分のことで妻がそんなに辛い思いをしていたなんて、そして、そんなに傷つけ、不幸にしていたなんて考えたこともなかった。大切なものを失うくらいなら自分を変えてみよう」

夫はこう思ってくれたようです。私が、たとえお金も娘からの尊敬も何もかもなくしても、私は私自身を喜ばせる人生を生きると決意したことで、夫からも尊重されるようになったのです。

夫婦円満コンシェルジュとして、パートナーには自分の思っていることを言葉にして伝えてくださいとお話ししていますが、それは感謝の言葉も不満も両方です。あなたの本気が相手を動かします。

私自身が自分をどう扱っているのか、大切な存在である自分を幸せにするために何ができるか、必死に考えて行動に移しているか、それが肝です。自分を大切にしていれば、パートナーも周りの人も同じように大切にしてくれます。反対に、自分をないがしろにしていると、パートナーからも雑に扱われ、ないがしろにされてしまうのです。

結婚は婚姻届という、たった紙切れ一枚のつながりなのに、なぜかそんなに簡単には別れられないと思っている方は意外に多いです。浮気や借金などひどいことをしなければ離婚されることはないと思っているようです。

でも人の心はそんなに強くはありません。結婚という紙切れ一枚の契約に安心しきって感謝を伝えなかったり、不満を飲み込んでいたりすると、体調を崩すこともありますし、突然、相手が爆発して幸せだと思っていたすべてを失ってしまうなんてことも現実に起きています。

こうすれば必ずうまくいくという絶対法則なんてありませんから、まずは自分の気持ちに正直に生きること、自分を大切に生きることです。そうすると赤の他人である夫、パートナーも同じように向き合ってくれるようになります。

そのなかで、お互いを尊重できるようになり、愛し愛される世界がはじまるのだと思います。自分は幸せだと思っていても、隣にいるパートナーが辛い気持ちを抱えていたのなら、片方が不幸なら、夫婦円満な毎日なんて訪れないですよね。

本当の自分とつながる

近ごろの日本人は「感情不感症」な人が多いように思います。これは私の造語ですが、今自分が何をしたいのか、自分は何が好きなのか、何を感じているのか、そんな自分の感情がわからないまま過ごしているようなのです。

とくに、簡単に入ってくる情報に気を取られて、自分と向き合う暇がないようです。たとえば、体の具合がちょっとおかしいと思うと、すぐ携帯やパソコンで情報を探します。自分の体とじっくり向き合い、体の声を聴くような感覚が薄くなっている気がします。

夫婦のこともそうです。夫の態度が不自然だと思ったら、夫を観察したり、夫に話しかけて原因を探すのではなく、ネットで検索して原因を探したりします。「すべての悩みの解決法は自分の中にある」ことは、情報としては知っていても、自分に向き合わず、他に解決法を探してしまいます。これが、情報が溢れすぎている現代社会の闇なのかもしれません。

本当に必要なのは、自分の心と会話することです。

戦前は、今のように簡単に外の情報を得られる環境ではなかったですし、単調な生活のくり返しだったため、自然に自分と向き合うことができていたように思います。

日々、洗濯したり、食器を洗ったり、食事を作ったりと単調な作業のくり返し。その間にテレビを観たり、ラジオを聴いたり、スマホをいじったりすることもなかったでしょう。体は動かしていても、結構リラックスしていたのだと思います。

第六感や直感は、心も体もリラックスした時間にキャッチできるようですが、現代人の場合は、そうしたリラックス状態を意図的につくる必要があります。

そのお手伝いをしたいと思い、本書を読んでいただいた特典として私の音声をお届けします。二次元コード（140頁）を読み取ると、「本当の自分に会いにいく」という音源が10分ほど流れます。

リラックス効果も高いので毎日聴いていただけたら嬉しいです。就寝時やお昼寝時に流して、子守唄代わりに使っていただくのもありです。

本当の自分（私は「ちびちゃん」と呼んでいます）につながることができたら、毎日話しかけてください。「ちびちゃん」は生まれたときから死ぬまでずっとあなたと一緒にいます。いつも、あなたの幸せを願い、たくさんのメッセージを送ってくれます。

「ちびちゃん」に「ありがとう」と語りかけると、「ちびちゃん」はどんどん元気になって、ますます幸せに導いてくれますよ。

わがままな結婚生活のすすめ

私は「わがままな結婚生活」をおすすめしています。「わがまま」とは悪い意味に解釈されがちですが、本来は「あるがまま」という意味です。どちらかが我慢するのではなく、あなたもパートナーもお互いに「あるがまま」でいるのがいいと思いませんか。

ここで、大事なことがあります。「あるがままのあなたでいい」と「今のままのあなたでいい」とは意味が違います。本来の「あるがままのあなた」とは、この世の誰よりも自分を大切にしているあなたのままでいいということなのです。

ですから、私がおすすめしている「わがままな結婚生活」とは、誰よりも自分を大切にしている者同士が互いを認め合って生活するということです。

このようにお話しすると、自分を大切にすることを誤解される方もいらっしゃるので、もう少し補足しておきますね。

「自分さえ我慢すれば、みんなが幸せになれる」「わざわざ事を荒立てるよりも、私が矢面に立てば丸くおさまる」「ひどいことを言われて傷ついたけれど、この場のいいムードが壊れてしまったら申し訳ないから笑ってこの場をやりすごそう」そんなふうに思ってしまうのは、そのほうが自分を守れると考えてしまうからだと思います。

自分が辛い目に遭っていると、それをご両親やご主人が察知して助けてくれるかもしれませんが、本当に自分を守れるのは、あなた自身だけなのです。もちろん、自分では守り切れないときもあるでしょうが、それでも、そのあとで「嫌だったね。怖かったね。守れなくてごめんね。よく我慢したね。偉かったよ」と、自分で自分自身をしっかり慰めてあげてください。

そんなのはわがままだと思いますか。いえいえ、そうして自分を慰めることができないあなたは、本当の意味で夫を慰めることもできないでしょう。とくに私たち日本人はもっともっと自分を大切にし、相手も大切にする、そんなわがままな結婚生活のほうが円満夫婦として過ごせると思います。

もしもあなたが男性だったら

想像してみてください。もし女性のあなたが男性だったら、どんな女性と結婚したいですか。

私なら、掃除が得意で料理上手、優しくて、いつもニコニコ笑っている人でしょうか。そう考えてみると、残念ながら私はちっとも当てはまりません。もしも夫が、そんな女性を望んでいたのなら申し訳ないことです。

皆さんはいかがですか。あなたが思い描く理想の女性になっていますか。もしそうなら素晴らしいですが、そんな女性になるなんて疲れてしまう、と思ってしまうかもしれません。

家の外では社会人として気を張らなければならない場面の連続です。「男子、家を出ずれば7人の敵あり」といわれるくらい、家の外では困難が待ち受けています。現代社会では男女どちらにも当てはまることだと思います。誰かに出し抜かれないように、バカにされないように気を張ったり……。

だからせめて、わが家では人の目を気にせず、ありのままの自分でいたいと願うのは、男性でも女性でも同じでしょう。

悔しい思いをしたのなら、子どものように泣きじゃくってもいいし、疲れ果てたのなら、だらしなくソファーになだれこんでもいい。嫌なことがあったら盛大に愚痴ってもいいし、人肌が恋しかったら「ハグして！　ぎゅっと抱きしめて」と甘えてもいい。そうしてエネルギーを充電できる、居心地のいい場所がわが家であるといいですね。

男性なら大人の仮面を外して6歳の少年のような純粋な自分に安心して戻れることだと思います。女性も、たっぷり甘えて素の自分に戻ってください。そんなときは、家事を離れてカップラーメンの日にするとか、ウーバーイーツを利用したっていいのではないでしょうか。

男性のスーツは戦闘服

最近はスーツを着る仕事が減ってきましたが、仕事着は戦闘服です。家で戦闘服を脱いだらリラックスしたくなるのは自然なことです。しかし、お子さんの世話や家事など24時間仕事が続くママの気持ちとしては、夫だけが家でリラックスしているのは不公平だと思ってしまうかもしれません。

でも、男性がリラックスできる最高のエネルギーの源は、妻の笑顔です。疲れ切って家に戻ったとき、妻が笑顔で出迎えてくれるだけでリフレッシュできるとしたらいかがでしょうか。

じつに不思議なのですが、日本の新婚家庭でも出かけるときに玄関先でキスをすることはよくあるようですが、子どもが生まれたり、年数を重ねたりするうちに跡形もなく消えてしまうようです。

朝の支度で忙しい時間にお見送りのキスは難しいかもしれませんが、帰宅時の笑顔はなんとかなりそうな気がします。昔読んで感動した一冊、マラベル・モーガン著『トータル・ウーマン』の中に、夫が帰宅する前に泡風呂に入り、お化粧をし、香水をつけて出迎えるという下りがありました。それがきっかけで冷え切っていた夫婦の愛情が蘇ったというのです。

それは小説の中のことで、「そんなことぐらいで夫が変わるはずがないし、頭にくることの連続だわ」と思われますか。

男性の中には6歳の少年のような純粋性が息づいていることを思い出してください。いつでも妻のヒーローでいたいと思っている男性にとって、妻の笑顔、自分を気にかけてくれる優しさがどれほど力を与えてくれることでしょうか。

騙されたと思って試してみてください。

人生という映画の主人公はあなた自身

ご存じですか、この世界では無数の映画が同時に上映されていることを。世界の人口は今82億人くらいといわれていますから、約82億本の映画が上映されていることになります。

そのなかで私の映画では、私が主人公であり、他の人たちは残念ながら脇役です。もちろん、あなたの映画では私はただの脇役です。どんなトップスターもあなたの映画の主人公にはなれません。

面白い映画には、ドキドキ、ハラハラするような出来事が連続しますが、もし自分の映画を最高に面白くできるとしたら、どんなストーリーが思い浮かびますか。

私なら、こんなストーリーです。

「子どものころ、父親の会社の倒産で家庭が崩壊し、夜逃げまでして不幸のどん底を経験する。結婚するも離婚するが、幸運にも再婚して出産。なのに、今度は夫が倒産。

それでも幸せな家庭を築き、人生後半戦では、自分の生き方を教訓に夫婦円満コンシェルジュとなり、幸せな夫婦を増やし、子どもたちを幸せにすることに奔走。パートナーシップの専門家、講演家として日本全国のみならず、海外にも呼ばれ、愛し愛される素晴らしさを伝える。私生活でも、夫や娘に愛されて大満足」

まさしく最高にハッピーエンドな映画にすると決めています。

そんな私の実感ですが、失恋や離婚は決して悪いことではありません。そもそも人間が幸せを体験するためには、まず不幸を体験しなければならないというルールがあるようです。

たとえば、生まれてからずーっと金銭的に恵まれた幸せな生活を送っていると、お金があるのは当然すぎるので、その幸せに気づけません。気づくために、お金がなくなるという不幸な体験がやってくるのです。

つまり、借金が発覚したり、遺産相続で揉めたり、詐欺に遭ったりして、「お金がない」という体験をすることでお金のありがたみ、お金がある幸せに気づけるのです。

　これはもちろん、お金に関することだけではありません。健康や愛など、おそらくすべてのことに当てはまります。

　その体験をハッピーにするいちばんのキーワードが「感謝」だと思います。どんなに失敗しても後悔や罪悪感に飲み込まれず今ある自分のすべてに感謝することで、あなたがすでに幸せだと気づけるでしょう。

まずは知ること

これまでこの本に書いてきたことをまとめてみます。まずは知ることがとても大事だからです。

・男性には女性ほど察知力と共感力がないこと
・男性には6歳の少年のような純粋性が生き続けていること
・あなたを傷つけた夫の言葉には深い意味はないこと
・妊娠・出産時に男女の違いが表面化しやすいこと
・女性は、男性が子どもっぽいと思い込み、上から目線にならないようにすること
・夫はあなたの笑顔が大好きなこと
・夫はあなたのヒーローになりたいこと
・誰より自分を大切にすること
・本当の自分とつながること

・大切な自分のままでいいこと

夫婦円満コンシェルジュとして活動するなかで出会った方たちは、これらのことを知っただけで、夫に対する誤解、思い込み、不満や怒りがおさまったという体験をされています。

なかには「少数かもしれないけれど、私は大人の男性を探します」「うちの夫はそんなに簡単には変わりません」とおっしゃる方もいらっしゃいますが、不満や怒りを抱えたままだと、ますますネガティブになっていきます。

アメリカ国立科学財団の調査結果によると、人の思考のほぼ8割はネガティブであり、ほぼ9割は前日と同じことをくり返しているそうです。

ハッピーに生きていく人は、8割のネガティブな思考をスルーして、2割のポジティブな思考に自分の心をフォーカスするのが上手なのだと思います。本書のタイトルの中に「怒りをおさめるコツ」とありますが、これまでお伝えしてきたコツを知っていただくと、どんなにネガティブ思考がやってきても、怒りが湧いてきても、炭酸水の泡のようにすっと消えてスルーできます。

聴いてみてください

「本当の自分に会いにいく」

☆パスワード yaccyan2 を
入力してください。

おわりに

この本の執筆中に、私はいくつか海外を訪れる機会がありました。

一つはスペインで、「キゾンバ」というペアダンスのフェスに参加するために訪れました。コロナ禍があけて初めての海外であり、そこで開催されるフェスに胸躍らせながら仲間たちと参加しました。

当地では午前中から夕方までレッスンがあり、そのあとはプールで楽しみ、さらに真夜中12時から朝までパーティ。それが5日間続きました。もちろんたくさんの方と踊り、楽しんできたのですが、あることに気づきました。

仲間内で踊りたいのか、若い白人女性と踊りたいのか、その両方なのか、黒人男性の視界に私が映らないのです。それでもせっかく遠路遥々やってきたのですから、勇気を振り絞り私から踊りませんかと誘ったりもしましたが、断られたり、仕方ないから少し踊ってやるよという感じを受けました。

さすがの私も、だんだんと心が折れてきて、私の思い込みかもしれませんが、何か居心地の悪さを感じました。日本で私がいつも踊っている場所では新しい方がいらしたら、必ず最低でも一曲は一緒に踊ると決めている私なので、尚さらかもしれませんが、優しくないなと感じてしまいました。

二つ目は日本に戻り、ある会で発表する友人の話を聞きに行きました。人前で話すことが大の苦手な友人は、たくさん練習を重ね、40分間とても素敵な話を聞かせてくれました。

私は3列目の席に座っていましたが、隣の席の男性がほとんどの時間、ご自分の携帯を見ていたのです。その日は友人ともう一人の方が発表することになっていたので、友人のあとに発表する方が目当てかもしれないと気にしないようにしていました。ところが、そのときになっても同じでした。急ぎの用事があるのかもしれないけれど、ちょっと失礼だなあと思い、好奇心が止められなくなった私は、発表会が終わったころ聞いてみました。

「今日は何が目的だったのですか？」。その返事は「誘われたから来た」とおっしゃいます。さらに、イタズラ心が湧いてもう少し言ってしまいました。「すごいですよね！　ずーっと携帯見ながら話も聞かれるなんて！　天才！　まるで聖徳太子ですね！　尊敬しました」と言って、にっこり。

三つ目は甲府で、看護師の友人である渡邉みどりさんが初めて主催する「ユウスミワタルさん」の講演会の応援に行ったときのことです。会場は駅から少し離れたところにあり、便利とは言い難いのですが、50席満席でした。その半分はボランティアのスタッフさんで、私もお仲間に入れていただきました。

そこはとても居心地が良かったのです。スタッフさんも講演者ユウさんもお客様も皆さん、とても温かいのです。すべての方たちとお話しできたわけではありませんが、会場全体が愛に包まれていて、本当に心が洗われました。

たまたま巡った3カ所ですが、私の中ではっきり見えたものがあります。それは、私は愛を感じないと心が苦しくなってしまう、居心地が悪くなってしまうということ。スペインのフェスだって、もっとみんなで交流してつながり合えば素敵なフェスになったはずです。友人の発表会だって、発表者と会場の参加者がもっと心の交流をできる場だったら素晴らしいのに。

それに比べて甲府は、その場に愛が溢れていたので、私はとても居心地が良かったのです。3カ所とも私はよそ者でしたが、感じるものが全く違っていました。私は、もっともっと人が愛でつながる機会を広めていきたいという思いを強くしました。大胆に言ってしまうと、世界に広めていきたい。そのために、まずは目の前にいる、赤の他人ではあるけれどいちばん大切な夫と愛でつながっていきたいと思っています。

私が主催しております「幸せな男女つながり学講座全9回」で大切にしている3つの柱があります。①「男女の違いを知ること」②「自分を大切にすること」このふたつができるようになると、③「思いやり」は自然に溢れてきます。

そのための土台になるのが本書で何度も触れました、ご主人の中に6歳の少年のような純粋性を見出し、6歳の女の子のような純真な心で向き合うことです。事あるごとにイライラし、怒っていた自分の心が穏やかになり、気づいたら夫婦円満な毎日が訪れているに違いありません。

ご主人の中に6歳の少年のような純粋な心があることに気づけたら、ご主人は今よりもっとあなたを愛するようになるでしょう。もちろん、仕事のパフォーマンスも上がります。つまり、あなたが今以上に幸せになるのです。

最後になりましたが、昨年に続く二度目の講演会「ピンクのメガネをかけるだけvol.2」の開催に合わせて本書の出版を快諾してくださったコスモ21の山崎優社長、さらに、講演会にお力を貸してくださった皆様、そしていつも陰になり日向になり私を支えてくれる夫と娘に、心より感謝申し上げます。ありがとうございます。

皆様のおかげで、やっちゃんは、最高に幸せです！

二〇二四年八月

篠原尉子

■著者プロフィール

篠原 尉子（しのはら　やすこ）　愛称「やっちゃん」

東京都葛飾区生まれ。山脇学園高等学校卒。Gafas Rosas代表（Gafas Rosasとはスペイン語でピンクのメガネを意味する）。

2023年より神奈川県藤沢市に拠点を移し、夫婦円満コンシェルジュとしてパートナーシップ専門のコンサルティング、カウンセリングを行っている。♥幸せな男女つながり学講座全９回♥を継続して主催。

2022年７月、『甘え下手な妻　不器用な夫　夫婦円満魔法の呪文「男６歳　女９歳」』を出版し、同年８月には、ラジオ番組「ピンクのメガネをかけるだけ」パーソナリティも務める。

2023年７月22日、神奈川県にて「ピンクのメガネをかけるだけvol.1」を開催。

13歳のとき両親の離婚を体験し、23歳で結婚するも自ら離婚。そして33歳で18歳年上の現在の夫と再婚。

そのなかで「男性は永遠に６歳の男の子のような純粋な心を持っている」ことに気づけば夫婦円満になることを実感。それを伝えていくと、夫婦関係が変わったという声が増える。それこそが夫婦円満の秘訣と確信し、2018年プライベートサロンGafas Rosasを立ち上げる。

すでに延べ630人以上の相談を受けているが、離婚の危機を乗り越えたラブラブ夫婦が次々と生まれている。

地方での講演活動も積極的に進めている。


yaccyananzu@hotmail.co.jp

夫が寝たあとに読む本　「怒り」をおさめるコツ

2024年9月27日　第1刷発行

著　者――篠原尉子

発行人――山崎 優

発行所――コスモ21
〒171-0021　東京都豊島区西池袋2-39-6-8F
☎03(3988)3911
FAX03(3988)7062
URL https://www.cos21.com/

印刷・製本――中央精版印刷株式会社

定価はカバーに表示してあります。

ISBN978-4-87795-435-2 C0030